FASHION ACCESSORIES

MODEACCESSOIRES
ACCESSORI MODA
ACCESSOIRES DE MODE
ACCESORIOS DE MODA
ACESSÓRIOS DE MODA
ファッション・アクセサリー
时尚饰品

D1347973

THE PEPIN PRESS
AMSTERDAM & SINGAPORE

Copyright © 2006 The Pepin Press BV
All rights reserved.
No part of this book may be reproduced or transmitted
in any form or by any means without permission in writing
from The Pepin Press BV.

The Pepin Press
P.O. Box 10349
1001 EH Amsterdam
T +31 20 4202021
F +31 20 4201152
mail@pepinpress.com
www.pepinpress.com

Concept & design: Pepin van Roojen
Project management & layout: Femke van Eijk
Production assistant: Kirsten Quast
Text & captions: Femke van Eijk (edited by Ros Horton)
Translations: LocTeam (English, German, Italian, French, Spanish, Portuguese),
Michie Yamakawa (Japanese), The Big Word (Chinese)

ISBN 978 90 5496 058 4

10 9 8 7 6 5 4 3 2 1

2010 09 08 07 06

Printed in Singapore

FASHION ACCESSORIES

MODEACCESSOIRES
ACCESSORI MODA
ACCESSOIRES DE MODE
ACCESORIOS DE MODA
ACESSÓRIOS DE MODA
ファッション・アクセサリー
时尚饰品

THE PEPIN PRESS
AMSTERDAM & SINGAPORE

Contents

introduction	8
head wear (crowns, helmets, hats, and veils)	12
combs and hairpins	120
spectacles	136
nose decorations	138
lip decorations	142
earrings	144
necklaces and pendants	154
collars	194
ties and scarves	202
fibulae, pins and brooches	212
arm and wrist decorations	234
cuffs	248
watches	252
rings	254
umbrellas	258
fans	268
bags and purses	286
muffs and gloves	304
waistbands, belts and buckles	314
shoes and socks	326
descriptions	379

Inhaltsverzeichnis

Einleitung	8
Kopfbedeckungen (Kronen, Helme, Hüte und Schleier)	12
Kämme und Haarnadeln	120
Brillen	136
Nasenschmuck	138
Lippenschmuck	142
Ohrringe	144
Halsketten und Anhänger	154
Kolliers	194
Krawatten und Schals	202
Fibeln, Anstecknadeln und Broschen	212
Arm- und Handgelenkschmuck	234
Manschetten	248
Uhren	252
Ringe	254
Schirme	258
Fächer	268
Taschen und Geldbörsen	286
Muffs und Handschuhe	304
Taillenbänder, Gürtel und Schnallen	314
Schuhe und Socken	326
Beschreibungen	379

Indice

introduzione 9

accessori per il capo 12
(corone, copricapi, cappelli e veli)
pettini e fermagli 120
occhiali 136
decorazioni per il naso 138
decorazioni per le labbra 142
orecchini 144
collane e ciondoli 154
collari 194
cravatte e foulard 202
spille nelle varie fogge (fibula e brooche) 212
decorazioni per il braccio e il polso 234
polsi 248
orologi 252
anelli 254
ombrelli 258
ventagli 268
sacche e borse 286
muffole e guanti 304
polsini, cinture e fibbie 314
scarpe e calze 326

descrizioni 379

Contenu

introduction 9

coiffures 12
(couronnes, casques, chapeaux et voiles)
peignes et autres épingles à cheveux 120
lunettes 136
ornements pour le nez 138
ornements pour les lèvres 142
boucles d'oreille 144
colliers et pendentifs 154
cols 194
cravates et écharpes 202
broches et autres épingles 212
ornements pour bras et poignets 234
manchettes 248
montres 252
bagues 254
parapluies 258
éventails 268
sacs et porte-monnaie 286
manchons et gants 304
ceintures et boucles de ceinture 314
chaussures et chaussettes 326

descriptions 379

Índice

introducción 10

accesorios para la cabeza 12
(coronas, cascos, sombreros y velos)
peines y horquillas para el pelo 120
anteojos 136
adornos para la nariz 138
adornos para los labios 142
pendientes 144
collares y colgantes 154
cuellos 194
corbatas y bufandas 202
fíbulas, alfileres y broches 212
adornos para los brazos y las muñecas 234
puños de camisa 248
relojes 252
anillos 254
paraguas 258
abanicos 268
bolsos y monederos 286
manguitos y guantes 304
pretinas, cinturones y hebillas 314
zapatos y calcetines 326

descripciones 379

Índice

introdução 10

acessórios para a cabeça 12
(coroas, capacetes, chapéus e véus)
pentes e ganchos 120
óculos 136
ornamentos para o nariz 138
ornamentos para os lábios 142
brincos 144
fios e pendentes 154
colares 194
gravatas e lenços 202
fíbulas, alfinetes e broches 212
ornamentos para o braço e pulso 234
punhos 248
relógios 252
anéis 254
chapéus-de-chuva 258
leques 268
malas e bolsas 286
regalos e luvas 304
faixas, cintos e fivelas 314
sapatos e meias 326

descrições 379

目次

序文 11

王冠、ヘルメット、帽子、ベール 12
ヘアピン 120
めがね 136
鼻飾り 138
口飾り 142
イヤリング 144
ネックレスとペンダント 154
襟飾り 194
ネクタイとスカーフ 202
留め針、ピン、ブローチ 212
腕飾りとブレスレット 234
カフス 248
腕時計 252
指輪 254
傘 258
扇子 268
バッグと財布 286
マフと手袋 304
ウエストバンド、ベルト、バックル 314
靴と靴下 326

説明 379

目录

简介 11

头饰 12
（皇冠、头盔、帽子、面纱）
梳子和发夹 120
眼镜 136
鼻饰 138
唇饰 142
耳环 144
项链和吊坠 154
项饰 194
领带和围巾 202
胸针、别针和胸花 212
臂饰和腕饰 234
护腕 248
手表 252
戒指 254
伞 258
扇子 268
包和钱包 286
手笼和手套 304
腰带、皮带和搭扣 314
鞋袜 326

说明 379

Introduction

Whether for functional or purely decorative purposes, accessories have been used all over the world since ancient times. This book offers a wide selection of images of items used to adorn the body or complement one's attire, starting with items used to decorate the head (hats, crowns, diadems, etc.) and face (nose and earrings, etc.), and works its way down the body through, among other things, collars, shawls and belts to shoes and footwear. Naturally, it also contains images of bags, purses, umbrellas and fans, as well as all conceivable forms of jewellery.

On pages 379–390 you will find short descriptions (in English) of each picture.

Einleitung

Ob funktional oder rein dekorativ, Accessoires werden bereits seit dem Altertum auf der ganzen Welt verwendet. Dieses Buch bietet eine große Auswahl an Bildern von Gegenständen, die zur Verzierung des Körpers oder zur Ergänzung der Kleidung dienen. Es beginnt mit verschiedenen Arten von Kopfschmuck (Hüten, Kronen, Diademen etc.) sowie Gesichtsschmuck (Nasen- und Ohrringen etc.) und wandert am Körper entlang, wobei es unter anderem Kolliers, Tücher, Gürtel und Schuhwerk behandelt. Natürlich sind auch Bilder von Taschen, Geldbörsen, Schirmen und Fächern sowie von allen erdenklichen Schmuckstücken enthalten.

Auf den Seiten 379–390 finden Sie kurze Beschreibungen (auf Englisch) zu jedem Bild.

Introduzione

Gli accessori sono stati sempre utilizzati fin dall'antichità in tutto il mondo, sia come soluzione funzionale sia a scopo puramente decorativo. Il volume offre una ricca selezione di fotografie di oggetti ornamentali o complementi per abbigliamento, a partire da quelli utilizzati per abbellire il capo (cappelli, corone, diademi) e il volto (orecchini, anche da naso), passando, tra gli altri, a scialli, collane e cinture, per finire alle calze e calzature. Naturalmente, non potevano mancare borse, sacche, ombrelli e ventagli, come anche tutte le forme possibili di gioielli.

Alle pagine 379-390 sono riportate le didascalie (in inglese) che descrivono sinteticamente l'oggetto di ogni fotografia.

Introduction

Que ce soit dans un but fonctionnel ou simplement pour décorer, les accessoires ont de tout temps été utilisés dans le monde entier. Cet ouvrage vous présente une importante sélection d'images de différents objets utilisés pour embellir le corps ou en complément des vêtements; depuis les coiffures (chapeaux, couronnes, diadèmes, etc.) et les objets destinés à orner le visage (bijoux de nez, boucles d'oreille, etc.) jusqu'à ceux utilisés pour le corps comme, par exemple, les cols, les châles, les ceintures ou encore les chaussures. Il contient évidemment des images de sacs, de porte-monnaie, de parapluies et d'éventails, mais aussi de tout type de bijoux.

Vous trouverez aux pages 379-390 une brève description de chaque image (en anglais).

Introducción

La utilización de accesorios de moda, tanto funcionales como puramente decorativos, es una práctica habitual en todo el mundo desde tiempos remotos. En este libro se ofrece una amplia selección de imágenes de todo tipo de artículos empleados para adornar el cuerpo y complementar la indumentaria: desde los accesorios que sirven para decorar la cabeza (sombreros, coronas, diademas, etc.) y la cara (pendientes, anillos de nariz, etc.) hasta los que cubren los pies (zapatos y otro tipo de calzado), pasando por el resto del cuerpo (cuellos, chales y cinturones, entre muchos otros). Y, naturalmente, se incluyen imágenes de bolsos, monederos, paraguas y abanicos, así como de todas las formas imaginables de joyas.

Las páginas 379-390 contienen breves descripciones (en inglés) de cada imagen.

Introdução

Quer cumpram funções específicas ou sirvam apenas para fins decorativos, desde tempos imemoriais que se usam acessórios em todo o mundo. Este livro proporciona uma ampla selecção de imagens de artigos usados para adornar o corpo ou complementar a indumentária, começando pelos artigos usados para embelezar a cabeça (chapéus, coroas, diademas, etc.) e o rosto (brincos para o nariz e orelhas, etc.), passando pelos colares, xailes e cintos, e acabando nos sapatos e outro calçado. Como não podia deixar de ser, contém imagens de malas, bolsas, chapéus-de-chuva e leques, bem como de todas as formas possíveis de joalharia.

Nas páginas 379-390, são fornecidas breves descrições (em inglês) de cada imagem.

序文

目的が機能であれ、装飾であれ、アクセサリーは、古代から世界中で使われてきました。本書には、ボディの美しさを強調したり、装いの一部のために使用されてきた数々のアイテムを収録しています。掲載しているアクセサリーには、帽子や王冠、髪飾り、鼻飾りやイヤリング、襟飾り、ショール、ベルト、靴、バッグ、財布、傘、扇、ジュエリーなどが含まれます。

379~390ページには、各写真についての短い説明（英語）が載っています。

简介

从远古时代起，饰品就在世界各地广泛使用，或用于某种功能，或纯粹用于装饰。本书中提供了丰富的身体饰品或服装饰品图片，从头饰（帽子、皇冠、头带等）到脸部饰品（鼻饰和耳环等），以及用于身体各个部位的饰品，包括项饰、披肩、皮带、鞋袜等。当然，本书中还收录了许多包、钱包、伞和扇子的图片，以及您所能想象到的各种珠宝图片。

在第 379-390 页中，您可以找到每张图片的简短说明（英文）。

crowns • Kronen • corone • couronnes • coronas • coroas • 王冠 • 皇冠

crowns • Kronen • corone • couronnes • coronas • coroas • 王冠 • 皇冠

crowns • Kronen • corone • couronnes • coronas • coroas • 王冠 • 皇冠

crowns • Kronen • corone • couronnes • coronas • coroas • 王冠 • 皇冠

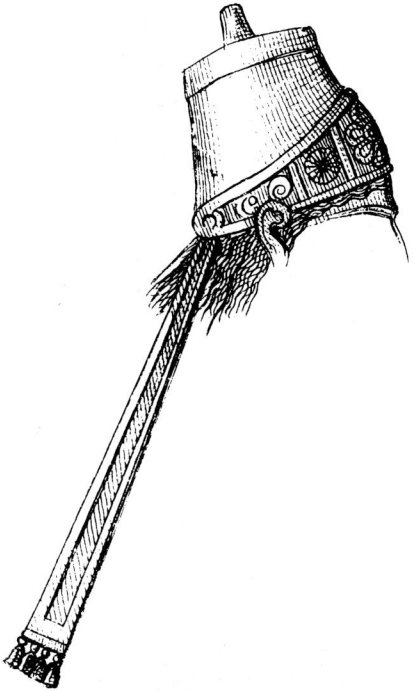

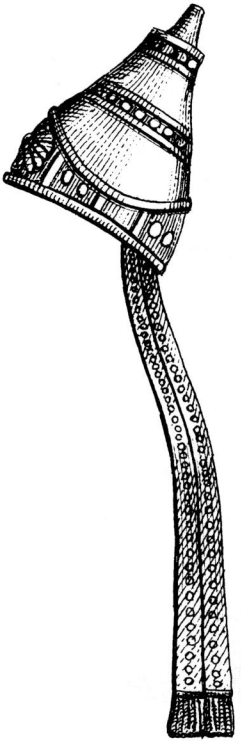

crowns • Kronen • corone • couronnes • coronas • coroas • 王冠 • 皇冠

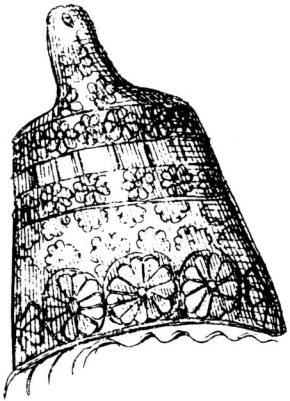

crowns • Kronen • corone • couronnes • coronas • coroas • 王冠 • 皇冠

crowns • Kronen • corone • couronnes • coronas • coroas • 王冠 • 皇冠

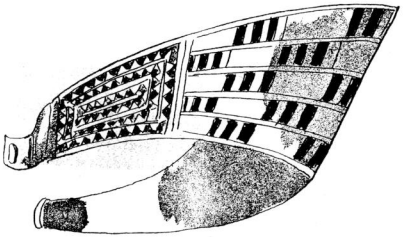

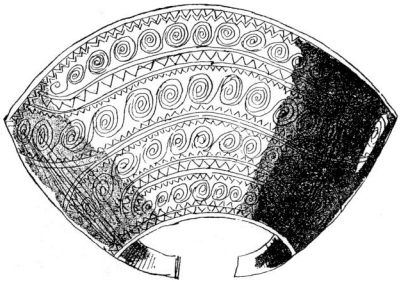

crowns • Kronen • corone • couronnes • coronas • coroas • 王冠 • 皇冠

crowns • Kronen • corone • couronnes • coronas • coroas • 王冠 • 皇冠

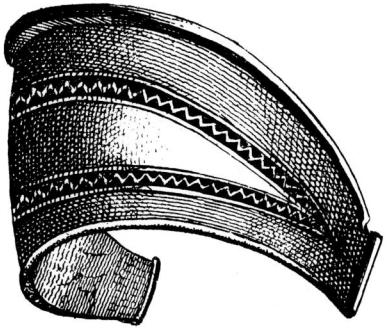

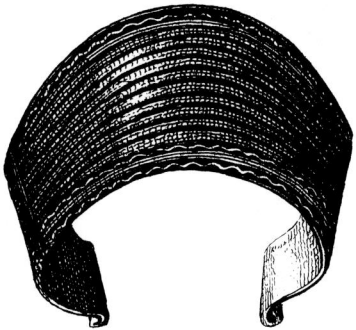

crowns • Kronen • corone • couronnes • coronas • coroas • 王冠 • 皇冠

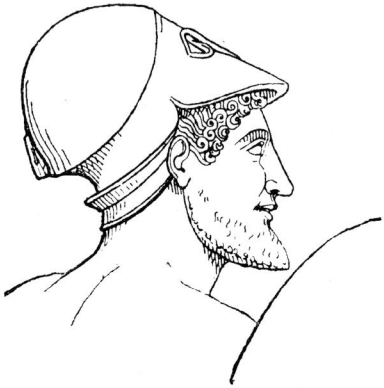

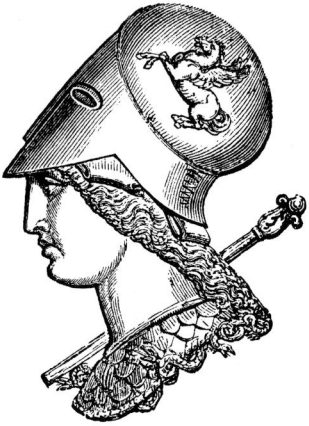

helmets • Helme • copricapo • casques • cascos • capacetes • ヘルメット • 头盔

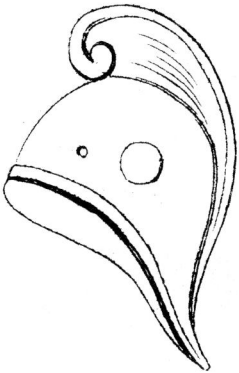

helmets • Helme • copricapo • casques • cascos • capacetes • ヘルメット • 头盔

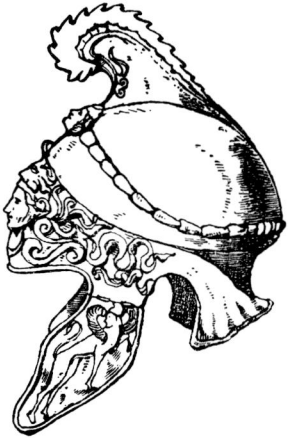

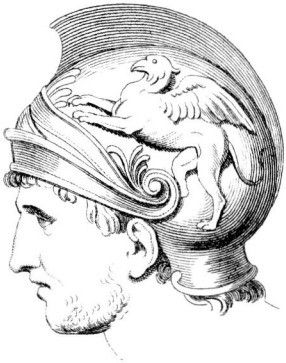

helmets • Helme • copricapo • casques • cascos • capacetes • ヘルメット • 头盔

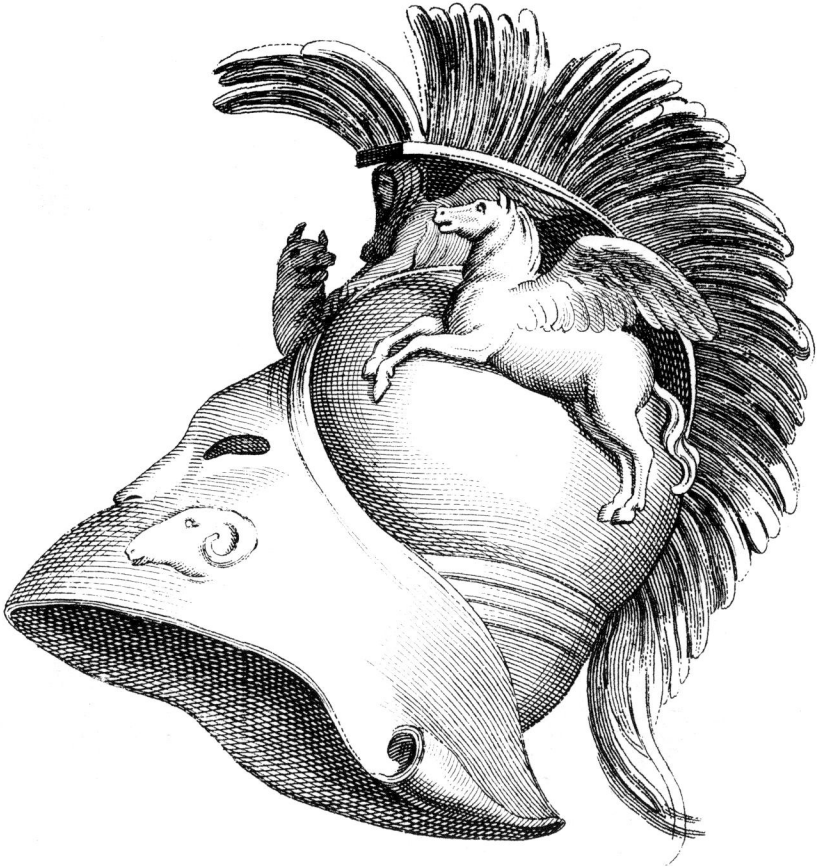

helmets • Helme • copricapo • casques • cascos • capacetes • ヘルメット • 头盔

crowns • Kronen • corone • couronnes • coronas • coroas • 王冠 • 皇冠

crowns • Kronen • corone • couronnes • coronas • coroas • 王冠 • 皇冠

crowns • Kronen • corone • couronnes • coronas • coroas • 王冠 • 皇冠

crowns • Kronen • corone • couronnes • coronas • coroas • 王冠 • 皇冠

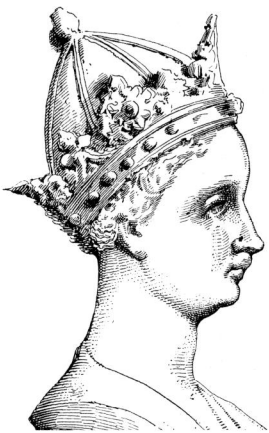

crowns • Kronen • corone • couronnes • coronas • coroas • 王冠 • 皇冠

crowns • Kronen • corone • couronnes • coronas • coroas • 王冠 • 皇冠

crowns • Kronen • corone • couronnes • coronas • coroas • 王冠 • 皇冠

crowns • Kronen • corone • couronnes • coronas • coroas • 王冠 • 皇冠

crowns • Kronen • corone • couronnes • coronas • coroas • 王冠 • 皇冠

crowns • Kronen • corone • couronnes • coronas • coroas • 王冠 • 皇冠

crowns • Kronen • corone • couronnes • coronas • coroas • 王冠 • 皇冠

crowns • Kronen • corone • couronnes • coronas • coroas • 王冠 • 皇冠

crowns • Kronen • corone • couronnes • coronas • coroas • 王冠 • 皇冠

crowns • Kronen • corone • couronnes • coronas • coroas • 王冠 • 皇冠

crowns • Kronen • corone • couronnes • coronas • coroas • 王冠 • 皇冠

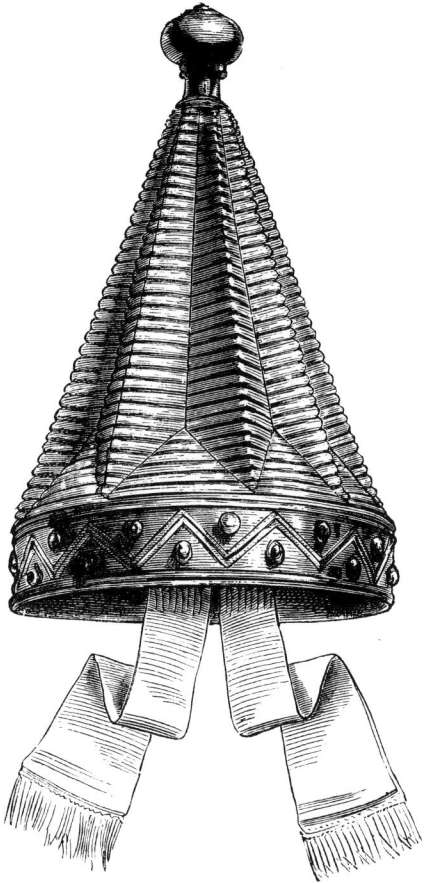

crowns • Kronen • corone • couronnes • coronas • coroas • 王冠 • 皇冠

crowns • Kronen • corone • couronnes • coronas • coroas • 王冠 • 皇冠

crowns • Kronen • corone • couronnes • coronas • coroas • 王冠 • 皇冠

crowns • Kronen • corone • couronnes • coronas • coroas • 王冠 • 皇冠

crowns • Kronen • corone • couronnes • coronas • coroas • 王冠 • 皇冠

crowns • Kronen • corone • couronnes • coronas • coroas • 王冠 • 皇冠

crowns • Kronen • corone • couronnes • coronas • coroas • 王冠 • 皇冠

hats • Hüte • cappelli • chapeaux • sombreros • chapéus • 帽子 • 帽子

hats • Hüte • cappelli • chapeaux • sombreros • chapéus • 帽子 • 帽子

hats • Hüte • cappelli • chapeaux • sombreros • chapéus • 帽子 • 帽子

hats • Hüte • cappelli • chapeaux • sombreros • chapéus • 帽子 • 帽子

hats • Hüte • cappelli • chapeaux • sombreros • chapéus • 帽子 • 帽子

hats • Hüte • cappelli • chapeaux • sombreros • chapéus • 帽子 • 帽子

hats • Hüte • cappelli • chapeaux • sombreros • chapéus • 帽子 • 帽子

hats • Hüte • cappelli • chapeaux • sombreros • chapéus • 帽子 • 帽子

hats • Hüte • cappelli • chapeaux • sombreros • chapéus • 帽子 • 帽子

hats • Hüte • cappelli • chapeaux • sombreros • chapéus • 帽子 • 帽子

hats • Hüte • cappelli • chapeaux • sombreros • chapéus • 帽子 • 帽子

hats • Hüte • cappelli • chapeaux • sombreros • chapéus • 帽子 • 帽子

hats • Hüte • cappelli • chapeaux • sombreros • chapéus • 帽子 • 帽子

hats • Hüte • cappelli • chapeaux • sombreros • chapéus • 帽子 • 帽子

hats • Hüte • cappelli • chapeaux • sombreros • chapéus • 帽子 • 帽子

hats • Hüte • cappelli • chapeaux • sombreros • chapéus • 帽子 • 帽子

hats • Hüte • cappelli • chapeaux • sombreros • chapéus • 帽子 • 帽子

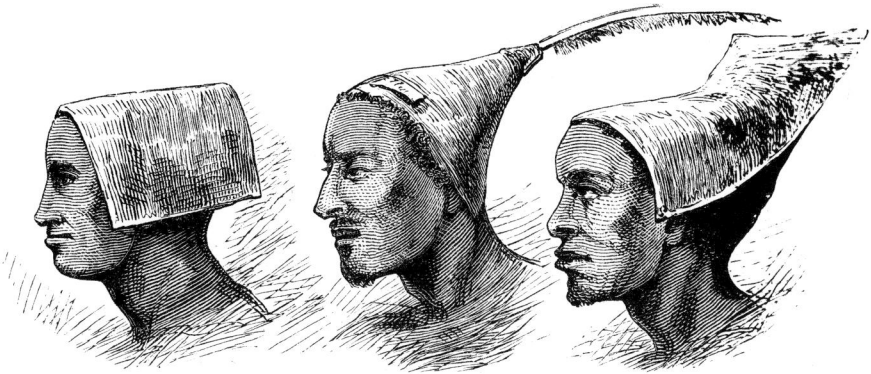

hats • Hüte • cappelli • chapeaux • sombreros • chapéus • 帽子 • 帽子

hats • Hüte • cappelli • chapeaux • sombreros • chapéus • 帽子 • 帽子

hats • Hüte • cappelli • chapeaux • sombreros • chapéus • 帽子 • 帽子

hats • Hüte • cappelli • chapeaux • sombreros • chapéus • 帽子 • 帽子

hats • Hüte • cappelli • chapeaux • sombreros • chapéus • 帽子 • 帽子

hats • Hüte • cappelli • chapeaux • sombreros • chapéus • 帽子 • 帽子

hats • Hüte • cappelli • chapeaux • sombreros • chapéus • 帽子 • 帽子

hats • Hüte • cappelli • chapeaux • sombreros • chapéus • 帽子 • 帽子

hats • Hüte • cappelli • chapeaux • sombreros • chapéus • 帽子 • 帽子

hats • Hüte • cappelli • chapeaux • sombreros • chapéus • 帽子 • 帽子

hats • Hüte • cappelli • chapeaux • sombreros • chapéus • 帽子 • 帽子

hats • Hüte • cappelli • chapeaux • sombreros • chapéus • 帽子 • 帽子

hats • Hüte • cappelli • chapeaux • sombreros • chapéus • 帽子 • 帽子

hats • Hüte • cappelli • chapeaux • sombreros • chapéus • 帽子 • 帽子

hats • Hüte • cappelli • chapeaux • sombreros • chapéus • 帽子 • 帽子

hats • Hüte • cappelli • chapeaux • sombreros • chapéus • 帽子 • 帽子

hats • Hüte • cappelli • chapeaux • sombreros • chapéus • 帽子 • 帽子

veils • Schleier • veli • voiles • velos • véus • ベール • 面纱

veils • Schleier • veli • voiles • velos • véus • ベール • 面紗

veils • Schleier • veli • voiles • velos • véus • ベール • 面紗

veils • Schleier • veli • voiles • velos • véus • ベール • 面紗

veils • Schleier • veli • voiles • velos • véus • ベール • 面紗

veils • Schleier • veli • voiles • velos • véus • ベール • 面紗

veils • Schleier • veli • voiles • velos • véus • ベール • 面紗

veils • Schleier • veli • voiles • velos • véus • ベール • 面紗

veils • Schleier • veli • voiles • velos • véus • ベール • 面紗

veils • Schleier • veli • voiles • velos • véus • ベール • 面紗

veils • Schleier • veli • voiles • velos • véus • ベール • 面紗

veils • Schleier • veli • voiles • velos • véus • ベール • 面紗

veils • Schleier • veli • voiles • velos • véus • ベール • 面紗

veils • Schleier • veli • voiles • velos • véus • ベール • 面纱

veils • Schleier • veli • voiles • velos • véus • ベール • 面紗

veils • Schleier • veli • voiles • velos • véus • ベール • 面紗

veils • Schleier • veli • voiles • velos • véus • ベール • 面纱

veils • Schleier • veli • voiles • velos • véus • ベール • 面紗

veils • Schleier • veli • voiles • velos • véus • ベール • 面紗

veils • Schleier • veli • voiles • velos • véus • ベール • 面纱

veils • Schleier • veli • voiles • velos • véus • ベール • 面紗

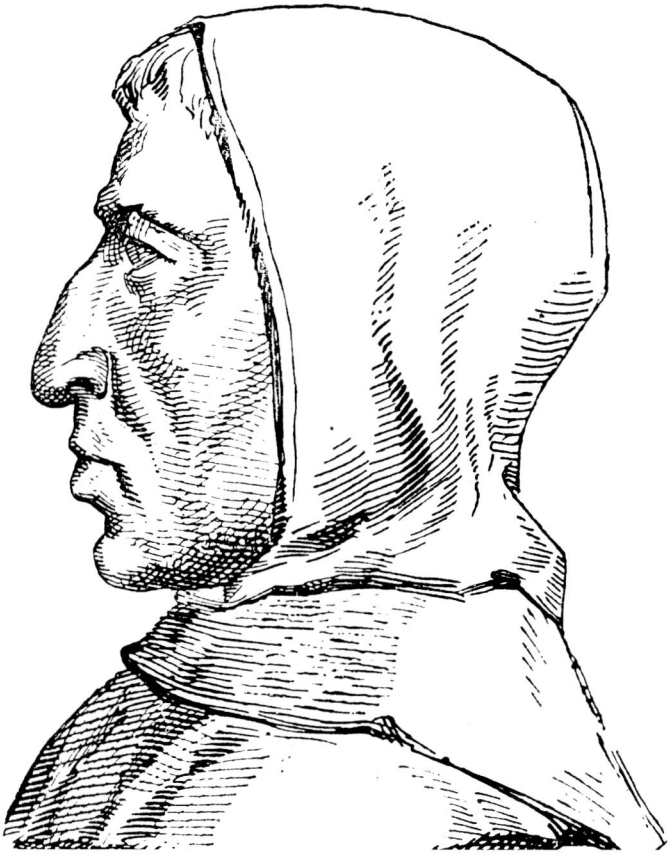

veils • Schleier • veli • voiles • velos • véus • ベール • 面紗

veils • Schleier • veli • voiles • velos • véus • ベール • 面紗

veils • Schleier • veli • voiles • velos • véus • ベール • 面紗

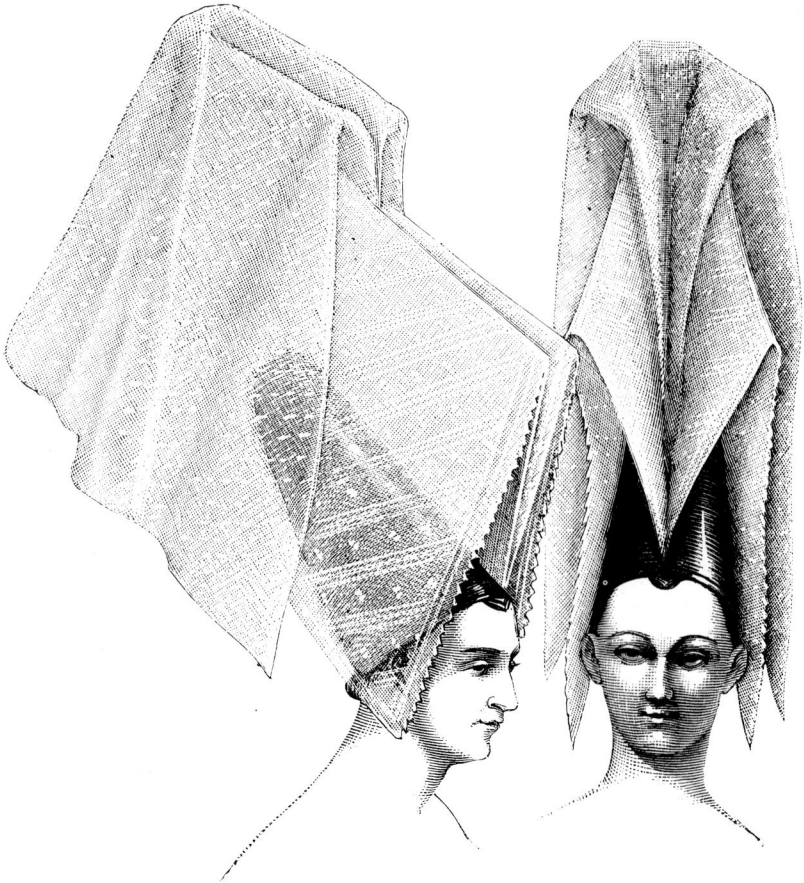

veils • Schleier • veli • voiles • velos • véus • ベール • 面紗

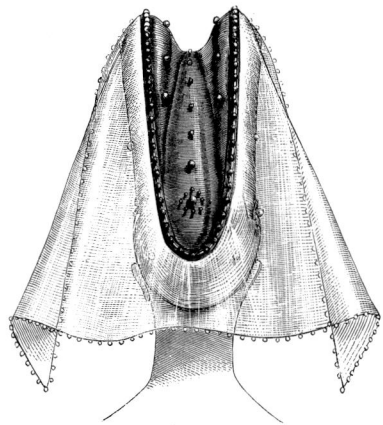

veils • Schleier • veli • voiles • velos • véus • ベール • 面紗

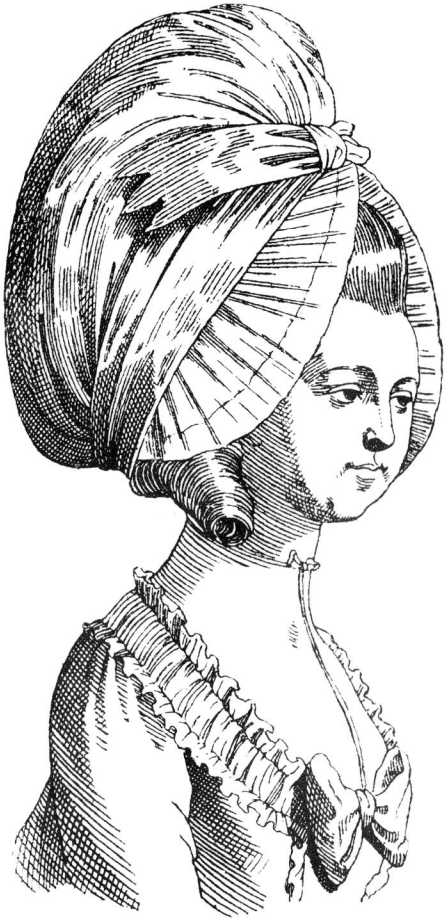

veils • Schleier • veli • voiles • velos • véus • ベール • 面纱

veils • Schleier • veli • voiles • velos • véus • ベール • 面纱

veils • Schleier • veli • voiles • velos • véus • ベール • 面紗

veils • Schleier • veli • voiles • velos • véus • ベール • 面纱

veils • Schleier • veli • voiles • velos • véus • ベール • 面紗

veils • Schleier • veli • voiles • velos • véus • ベール • 面紗

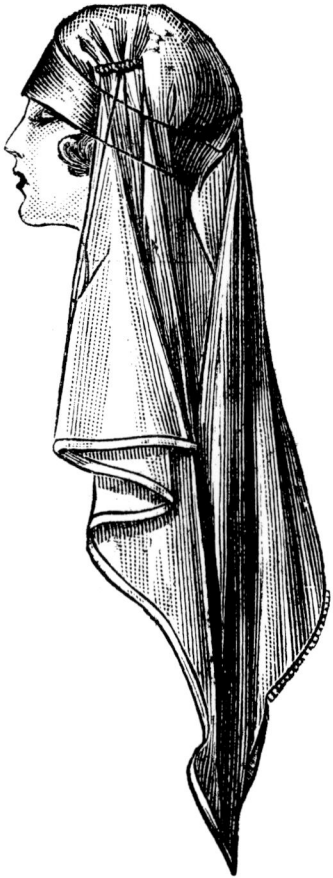

veils • Schleier • veli • voiles • velos • véus • ベール • 面纱

veils • Schleier • veli • voiles • velos • véus • ベール • 面紗

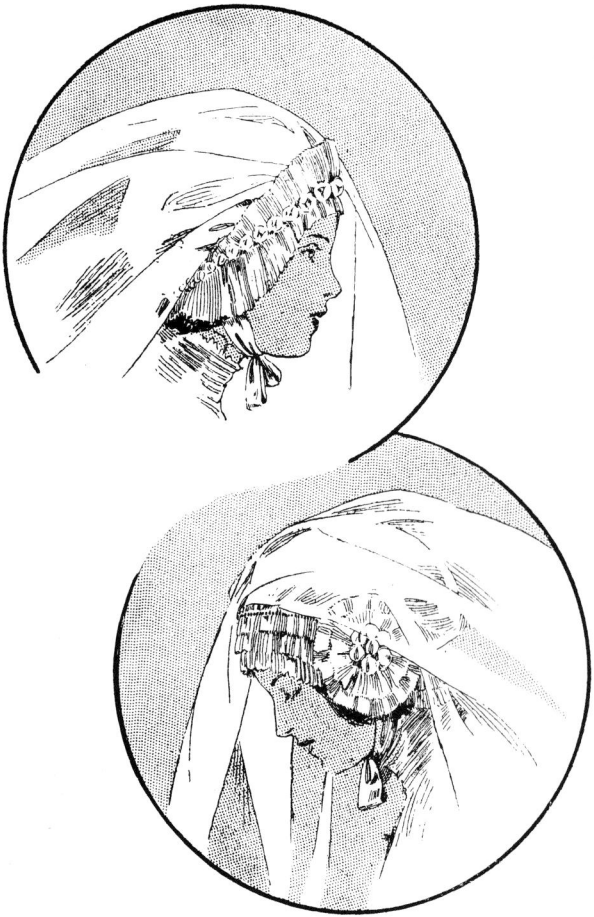

veils • Schleier • veli • voiles • velos • véus • ベール • 面紗

hats • Hüte • cappelli • chapeaux • sombreros • chapéus • 帽子 • 帽子

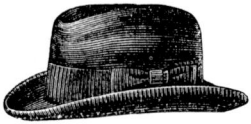
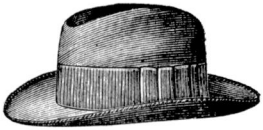

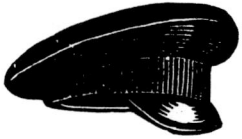

hats • Hüte • cappelli • chapeaux • sombreros • chapéus • 帽子 • 帽子

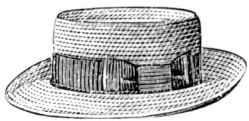

hats • Hüte • cappelli • chapeaux • sombreros • chapéus • 帽子 • 帽子

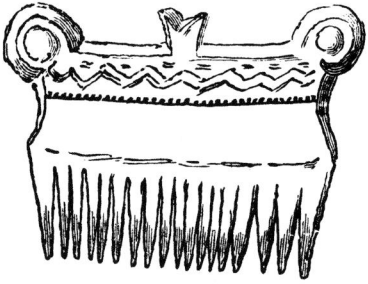

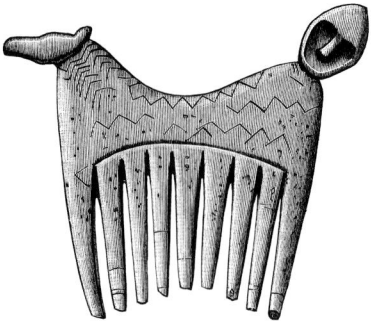

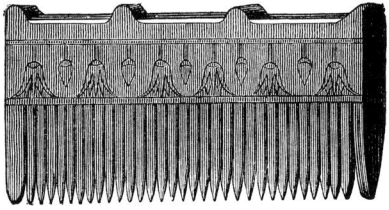

combs • Kämme • pettini • peignes • peines • pentes • ヘアピン • 梳子

combs • Kämme • pettini • peignes • peines • pentes • ヘアピン • 梳子

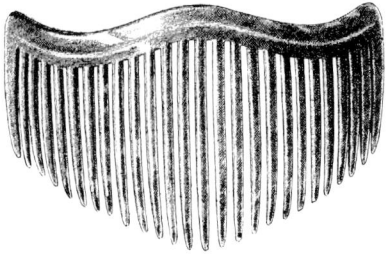

hairpins • Haarnadeln • fermagli • épingles à cheveux • horquillas • ganchos • ヘアピン • 发夹

hairpins • Haarnadeln • fermagli • épingles à cheveux • horquillas • ganchos • ヘアピン • 发夹

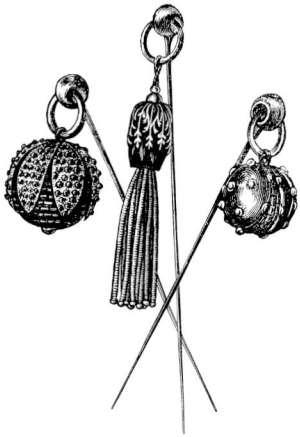

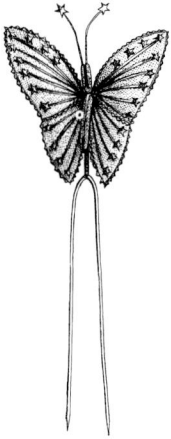

hairpins • Haarnadeln • fermagli • épingles à cheveux • horquillas • ganchos • ヘアピン • 发夹

hairpins • Haarnadeln • fermagli • épingles à cheveux • horquillas • ganchos • ヘアピン • 发夹

hairpins • Haarnadeln • fermagli • épingles à cheveux • horquillas • ganchos • ヘアピン • 发夹

hairpins • Haarnadeln • fermagli • épingles à cheveux • horquillas • ganchos • ヘアピン • 发夹

hairpins • Haarnadeln • fermagli • épingles à cheveux • horquillas • ganchos • ヘアピン • 发夹

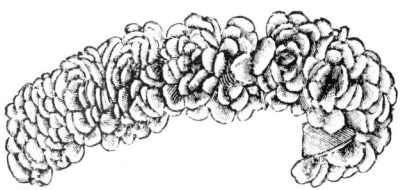

hairpins • Haarnadeln • fermagli • épingles à cheveux • horquillas • ganchos • ヘアピン • 发夹

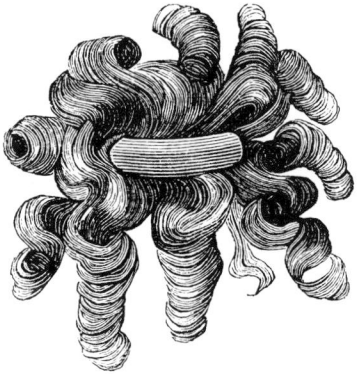

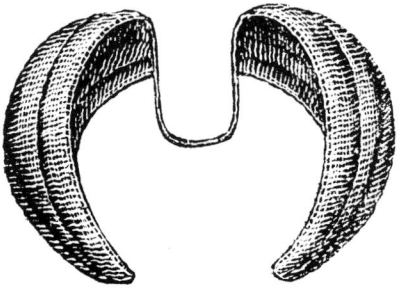

hairpins • Haarnadeln • fermagli • épingles à cheveux • horquillas • ganchos • ヘアピン • 发夹

hairpins • Haarnadeln • fermagli • épingles à cheveux • horquillas • ganchos • ヘアピン • 发夹

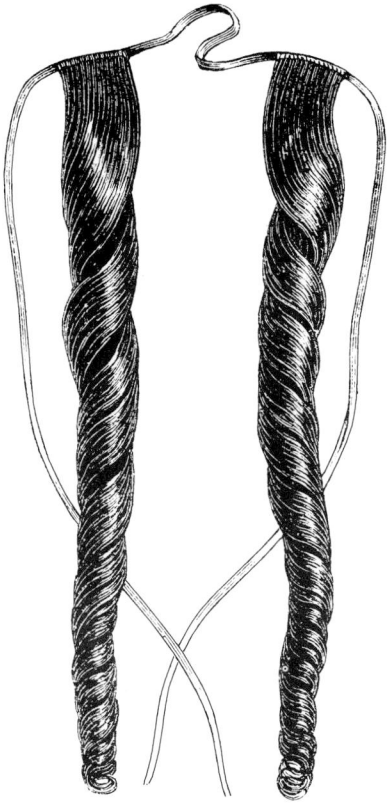

hairpins • Haarnadeln • fermagli • épingles à cheveux • horquillas • ganchos • ヘアピン • 发夹

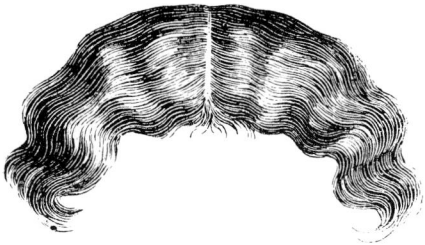

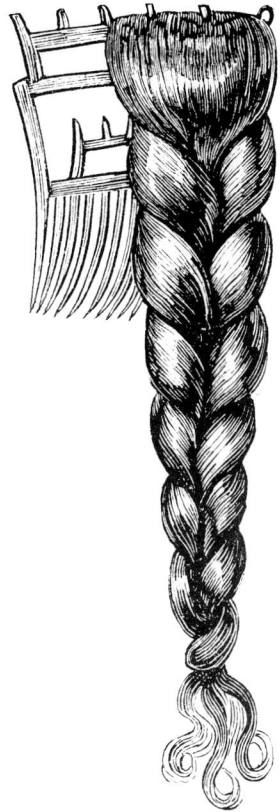

hairpins • Haarnadeln • fermagli • épingles à cheveux • horquillas • ganchos • ヘアピン • 发夹

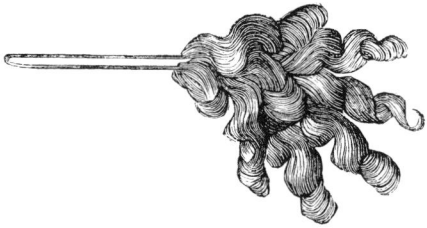

hairpins • Haarnadeln • fermagli • épingles à cheveux • horquillas • ganchos • ヘアピン • 发夹

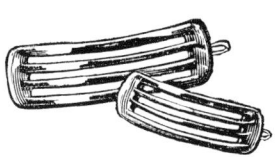
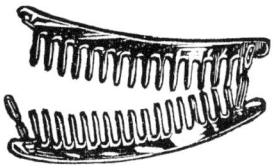
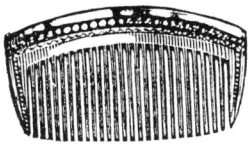
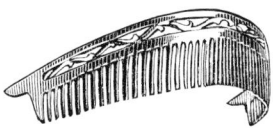

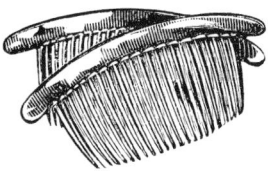
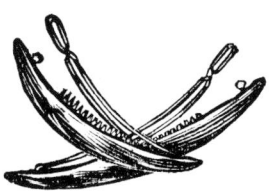
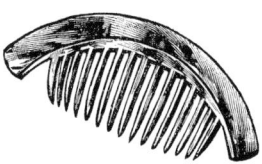
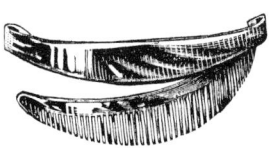

hairpins • Haarnadeln • fermagli • épingles à cheveux • horquillas • ganchos • ヘアピン • 发夹

spectacles • Brillen • occhiali • lunettes • anteojos • óculos • めがね • 眼镜

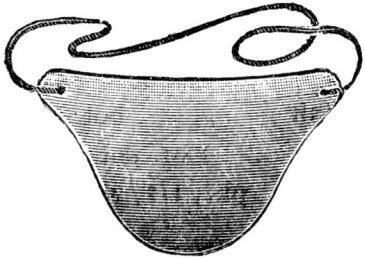

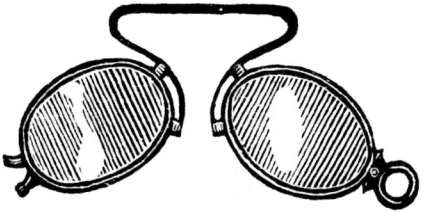

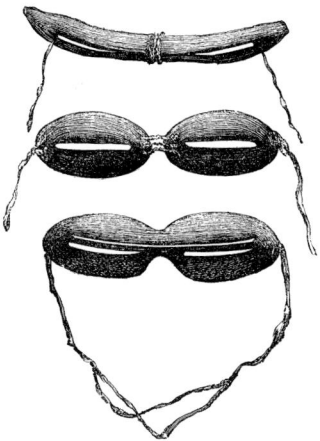

spectacles • Brillen • occhiali • lunettes • anteojos • óculos • めがね • 眼镜

nose decorations • Nasenschmuck • decorazioni per il naso • ornements pour le nez • adornos para la nariz • ornamentos para o nariz • 鼻飾り • 鼻饰

nose decorations • Nasenschmuck • decorazioni per il naso • ornements pour le nez • adornos para la nariz • ornamentos para o nariz • 鼻飾り • 鼻饰

nose decorations • Nasenschmuck • decorazioni per il naso • ornements pour le nez • adornos para la nariz • ornamentos para o nariz • 鼻飾り • 鼻饰

nose decorations • Nasenschmuck • decorazioni per il naso • ornements pour le nez • adornos para la nariz • ornamentos para o nariz • 鼻飾り • 鼻饰

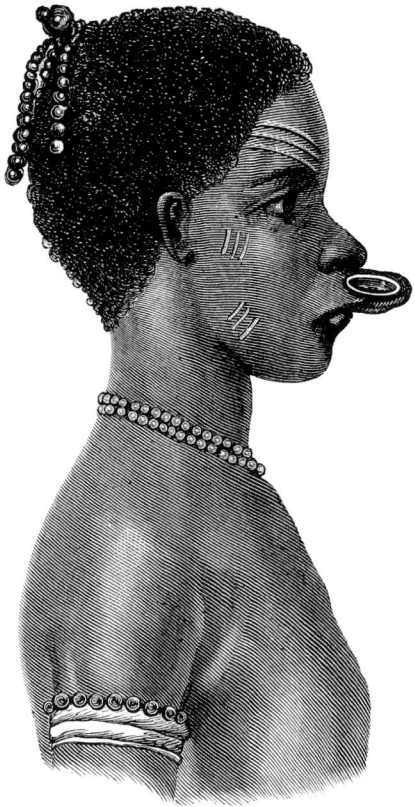

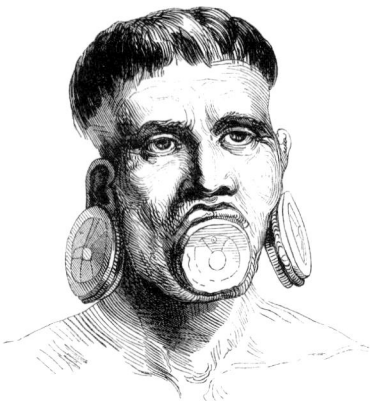

lip decorations • Lippenschmuck • decorazioni per le labbra • ornements pour les lèvres
adornos para los labios • Ornamentos para os lábios • 口飾り • 唇饰

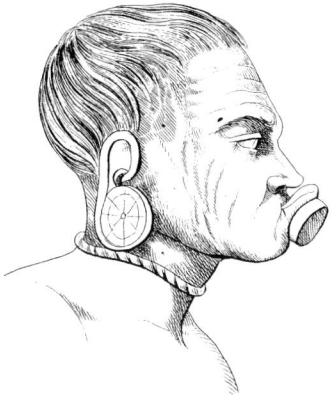

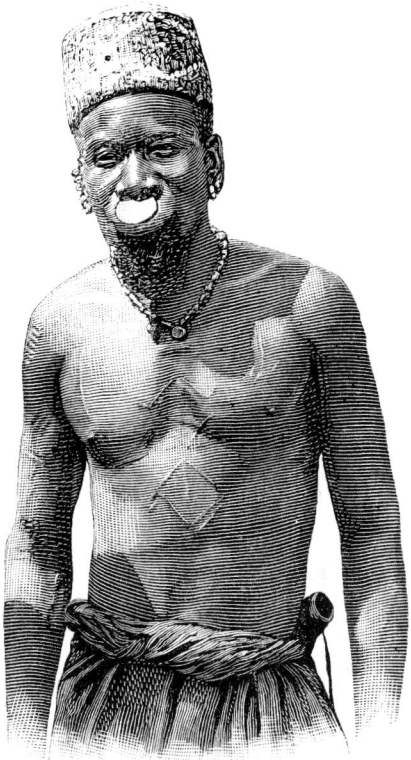

lip decorations • Lippenschmuck • decorazioni per le labbra • ornements pour les lèvres
adornos para los labios • Ornamentos para os lábios • 口飾り • 唇饰

earrings • Ohrringe • orecchini • boucles d'oreille • pendientes • brincos • イヤリング • 耳环

earrings • Ohrringe • orecchini • boucles d'oreille • pendientes • brincos • イヤリング • 耳环

earrings • Ohrringe • orecchini • boucles d'oreille • pendientes • brincos • イヤリング • 耳环

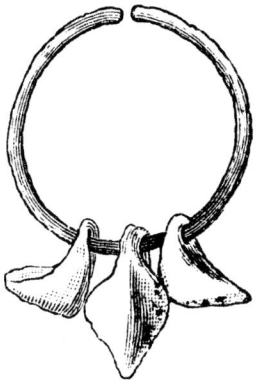

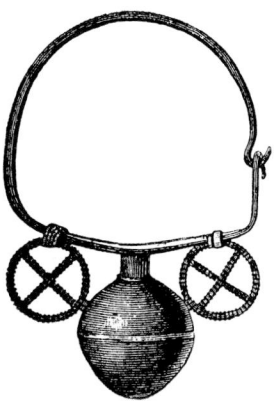

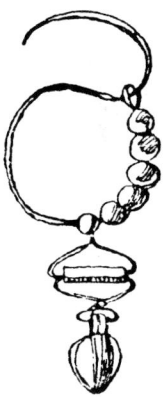

earrings • Ohrringe • orecchini • boucles d'oreille • pendientes • brincos • イヤリング • 耳环

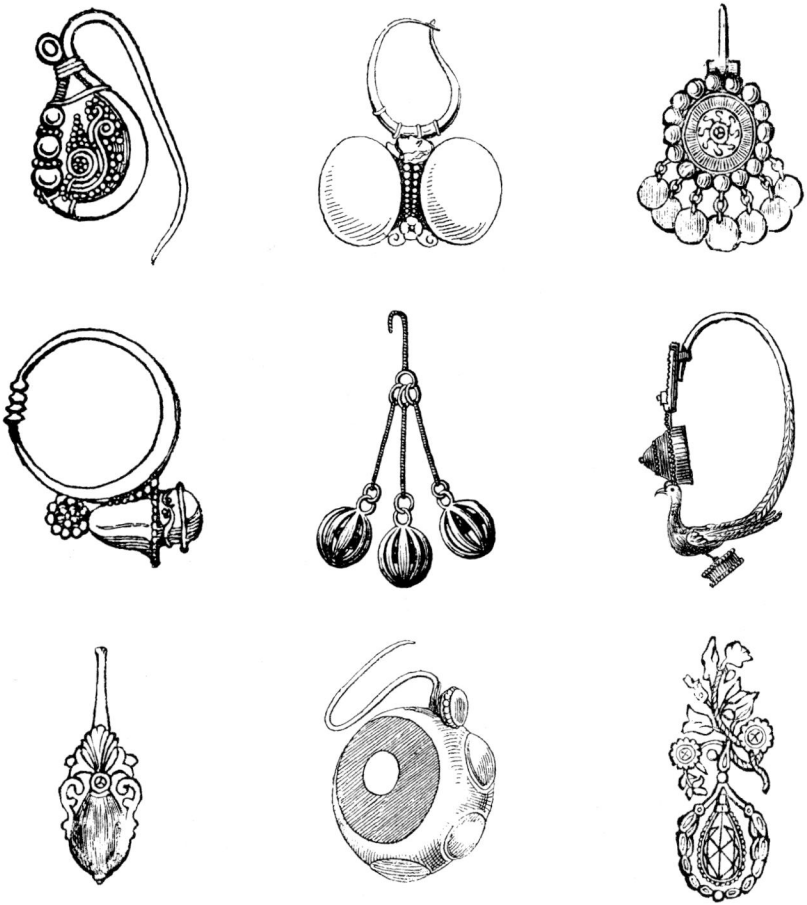

earrings • Ohrringe • orecchini • boucles d'oreille • pendientes • brincos • イヤリング • 耳环

earrings • Ohrringe • orecchini • boucles d'oreille • pendientes • brincos • イヤリング • 耳环

earrings • Ohrringe • orecchini • boucles d'oreille • pendientes • brincos • イヤリング • 耳环

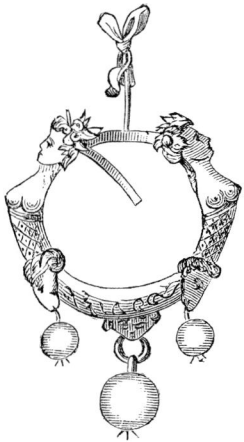

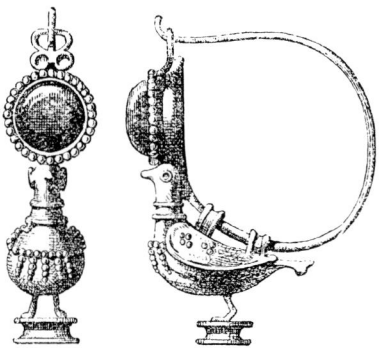

earrings • Ohrringe • orecchini • boucles d'oreille • pendientes • brincos • イヤリング • 耳环

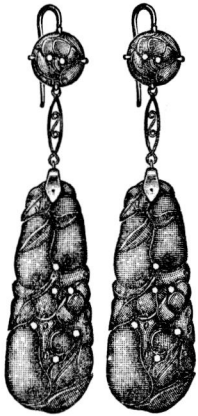

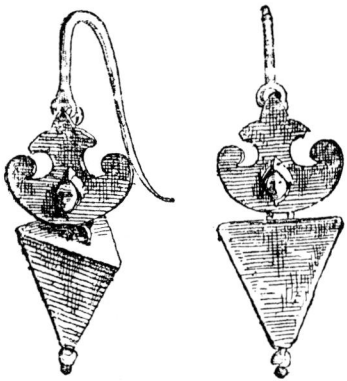

earrings • Ohrringe • orecchini • boucles d'oreille • pendientes • brincos • イヤリング • 耳环

earrings • Ohrringe • orecchini • boucles d'oreille • pendientes • brincos • イヤリング • 耳环

necklaces and pendants • Halsketten und Anhänger • collane e ciondoli • colliers et pendentifs
collares y colgantes • fios e pendentes • ネックレスとペンダント • 项链和吊坠

necklaces and pendants • Halsketten und Anhänger • collane e ciondoli • colliers et pendentifs
collares y colgantes • fios e pendentes • ネックレスとペンダント • 项链和吊坠

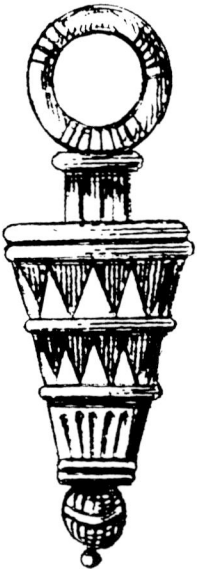

necklaces and pendants • Halsketten und Anhänger • collane e ciondoli • colliers et pendentifs
collares y colgantes • fios e pendentes • ネックレスとペンダント • 项链和吊坠

necklaces and pendants • Halsketten und Anhänger • collane e ciondoli • colliers et pendentifs
collares y colgantes • fios e pendentes • ネックレスとペンダント • 项链和吊坠

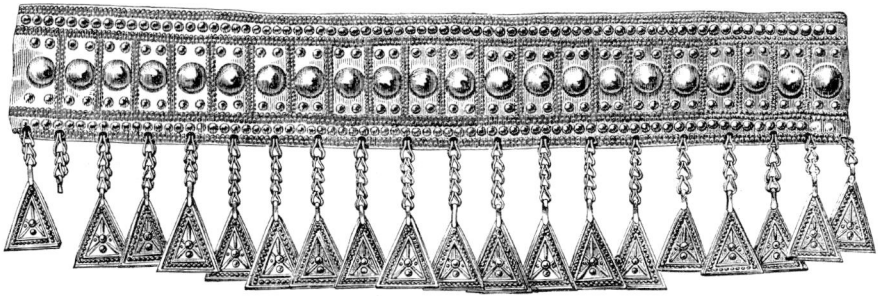

necklaces and pendants • Halsketten und Anhänger • collane e ciondoli • colliers et pendentifs
collares y colgantes • fios e pendentes • ネックレスとペンダント • 项链和吊坠

necklaces and pendants • Halsketten und Anhänger • collane e ciondoli • colliers et pendentifs
collares y colgantes • fios e pendentes • ネックレスとペンダント • 项链和吊坠

necklaces and pendants • Halsketten und Anhänger • collane e ciondoli • colliers et pendentifs
collares y colgantes • fios e pendentes • ネックレスとペンダント • 项链和吊坠

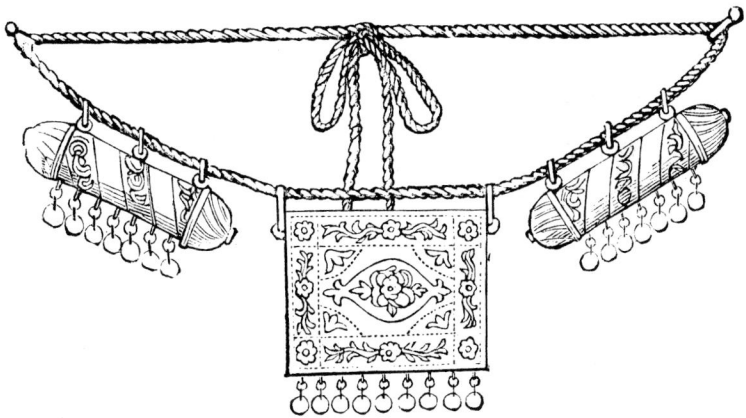

necklaces and pendants • Halsketten und Anhänger • collane e ciondoli • colliers et pendentifs
collares y colgantes • fios e pendentes • ネックレスとペンダント • 项链和吊坠

necklaces and pendants • Halsketten und Anhänger • collane e ciondoli • colliers et pendentifs
collares y colgantes • fios e pendentes • ネックレスとペンダント • 项链和吊坠

necklaces and pendants • Halsketten und Anhänger • collane e ciondoli • colliers et pendentifs
collares y colgantes • fios e pendentes • ネックレスとペンダント • 项链和吊坠

necklaces and pendants • Halsketten und Anhänger • collane e ciondoli • colliers et pendentifs
collares y colgantes • fios e pendentes • ネックレスとペンダント • 项链和吊坠

necklaces and pendants • Halsketten und Anhänger • collane e ciondoli • colliers et pendentifs
collares y colgantes • fios e pendentes • ネックレスとペンダント • 项链和吊坠

necklaces and pendants • Halsketten und Anhänger • collane e ciondoli • colliers et pendentifs
collares y colgantes • fios e pendentes • ネックレスとペンダント • 项链和吊坠

necklaces and pendants • Halsketten und Anhänger • collane e ciondoli • colliers et pendentifs
collares y colgantes • fios e pendentes • ネックレスとペンダント • 项链和吊坠

necklaces and pendants • Halsketten und Anhänger • collane e ciondoli • colliers et pendentifs
collares y colgantes • fios e pendentes • ネックレスとペンダント • 项链和吊坠

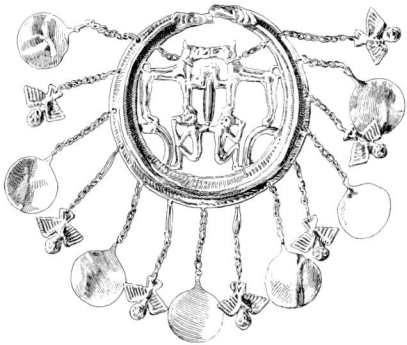

necklaces and pendants • Halsketten und Anhänger • collane e ciondoli • colliers et pendentifs
collares y colgantes • fios e pendentes • ネックレスとペンダント • 项链和吊坠

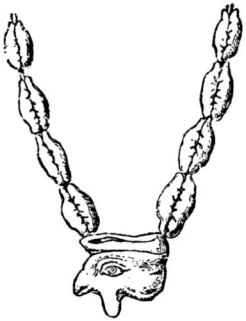

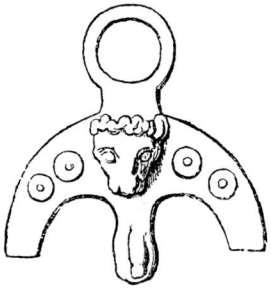

necklaces and pendants • Halsketten und Anhänger • collane e ciondoli • colliers et pendentifs
collares y colgantes • fios e pendentes • ネックレスとペンダント • 项链和吊坠

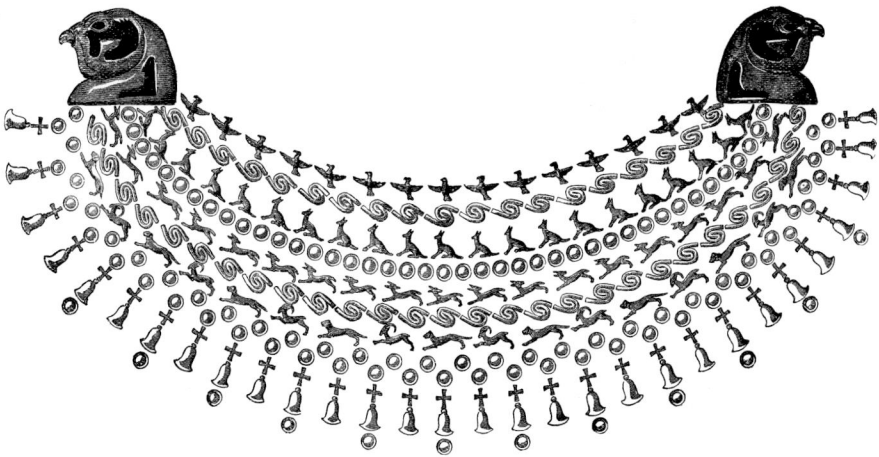

necklaces and pendants • Halsketten und Anhänger • collane e ciondoli • colliers et pendentifs
collares y colgantes • fios e pendentes • ネックレスとペンダント • 项链和吊坠

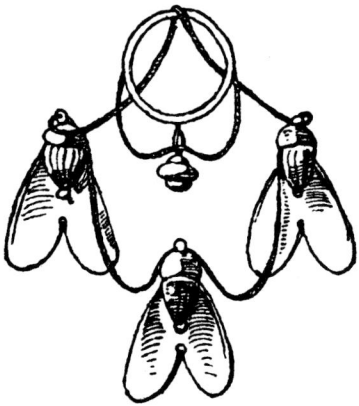

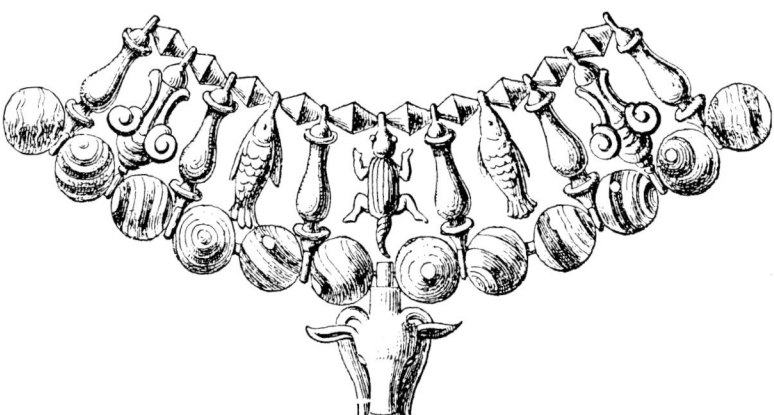

necklaces and pendants • Halsketten und Anhänger • collane e ciondoli • colliers et pendentifs
collares y colgantes • fios e pendentes • ネックレスとペンダント • 项链和吊坠

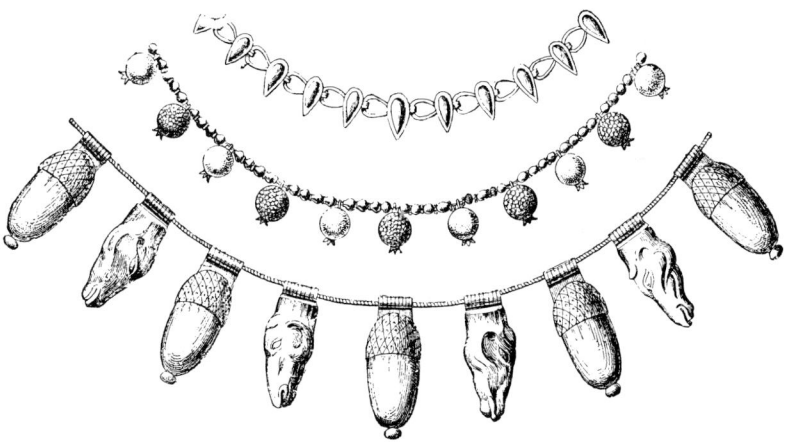

necklaces and pendants • Halsketten und Anhänger • collane e ciondoli • colliers et pendentifs
collares y colgantes • fios e pendentes • ネックレスとペンダント • 项链和吊坠

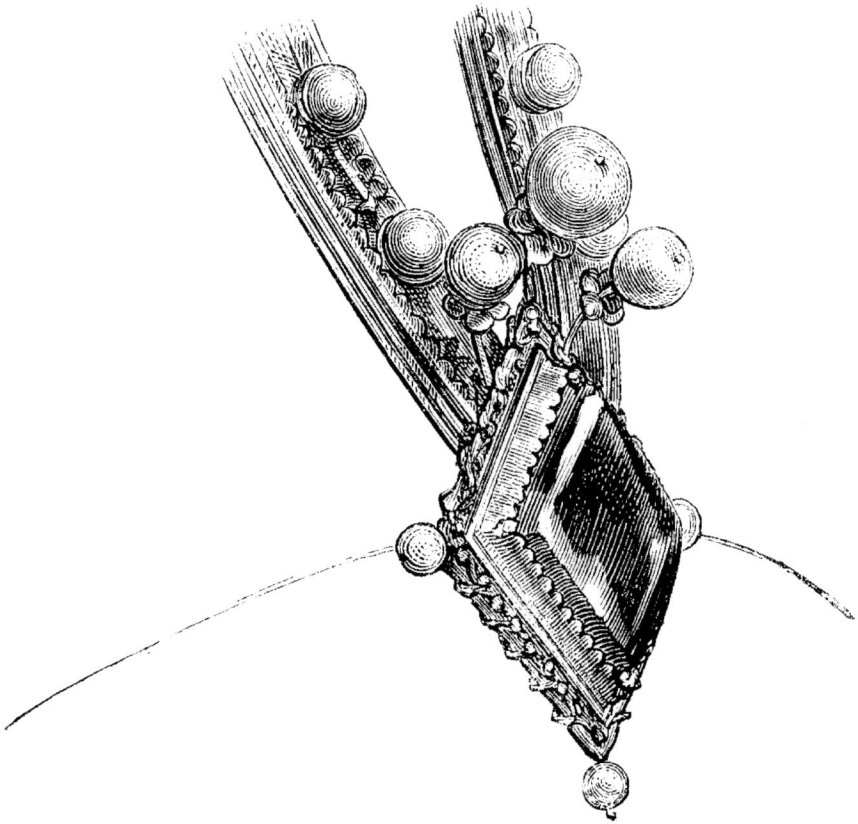

necklaces and pendants • Halsketten und Anhänger • collane e ciondoli • colliers et pendentifs
collares y colgantes • fios e pendentes • ネックレスとペンダント • 项链和吊坠

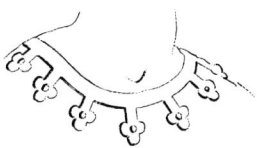

necklaces and pendants • Halsketten und Anhänger • collane e ciondoli • colliers et pendentifs
collares y colgantes • fios e pendentes • ネックレスとペンダント • 项链和吊坠

necklaces and pendants • Halsketten und Anhänger • collane e ciondoli • colliers et pendentifs
collares y colgantes • fios e pendentes • ネックレスとペンダント • 项链和吊坠

necklaces and pendants • Halsketten und Anhänger • collane e ciondoli • colliers et pendentifs
collares y colgantes • fios e pendentes • ネックレスとペンダント • 项链和吊坠

necklaces and pendants • Halsketten und Anhänger • collane e ciondoli • colliers et pendentifs
collares y colgantes • fios e pendentes • ネックレスとペンダント • 项链和吊坠

necklaces and pendants • Halsketten und Anhänger • collane e ciondoli • colliers et pendentifs
collares y colgantes • fios e pendentes • ネックレスとペンダント • 项链和吊坠

necklaces and pendants • Halsketten und Anhänger • collane e ciondoli • colliers et pendentifs
collares y colgantes • fios e pendentes • ネックレスとペンダント • 项链和吊坠

necklaces and pendants • Halsketten und Anhänger • collane e ciondoli • colliers et pendentifs
collares y colgantes • fios e pendentes • ネックレスとペンダント • 项链和吊坠

necklaces and pendants • Halsketten und Anhänger • collane e ciondoli • colliers et pendentifs
collares y colgantes • fios e pendentes • ネックレスとペンダント • 项链和吊坠

necklaces and pendants • Halsketten und Anhänger • collane e ciondoli • colliers et pendentifs
collares y colgantes • fios e pendentes • ネックレスとペンダント • 项链和吊坠

necklaces and pendants • Halsketten und Anhänger • collane e ciondoli • colliers et pendentifs
collares y colgantes • fios e pendentes • ネックレスとペンダント • 项链和吊坠

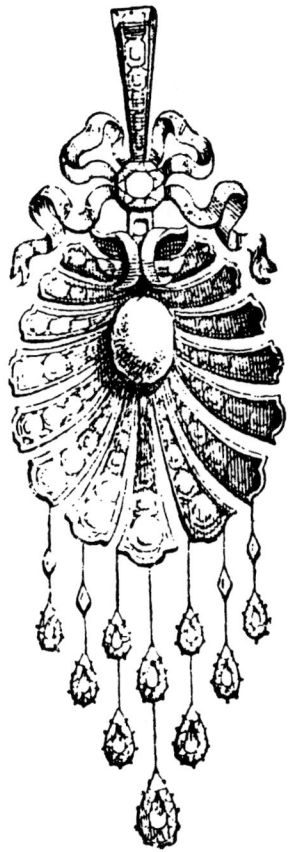

necklaces and pendants • Halsketten und Anhänger • collane e ciondoli • colliers et pendentifs
collares y colgantes • fios e pendentes • ネックレスとペンダント • 项链和吊坠

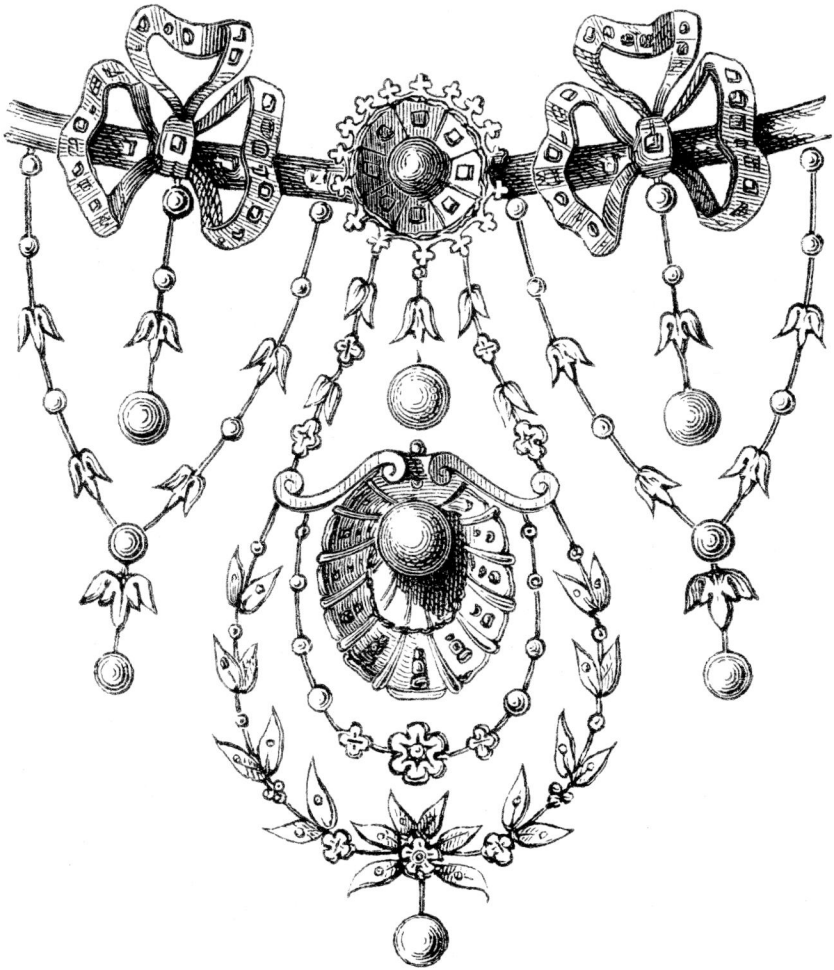

necklaces and pendants • Halsketten und Anhänger • collane e ciondoli • colliers et pendentifs
collares y colgantes • fios e pendentes • ネックレスとペンダント • 项链和吊坠

necklaces and pendants • Halsketten und Anhänger • collane e ciondoli • colliers et pendentifs
collares y colgantes • fios e pendentes • ネックレスとペンダント • 项链和吊坠

necklaces and pendants • Halsketten und Anhänger • collane e ciondoli • colliers et pendentifs
collares y colgantes • fios e pendentes • ネックレスとペンダント • 项链和吊坠

necklaces and pendants • Halsketten und Anhänger • collane e ciondoli • colliers et pendentifs
collares y colgantes • fios e pendentes • ネックレスとペンダント • 项链和吊坠

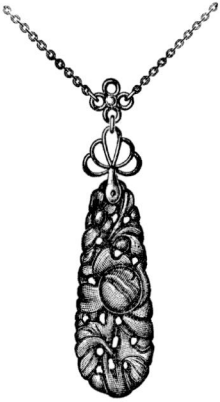

necklaces and pendants • Halsketten und Anhänger • collane e ciondoli • colliers et pendentifs
collares y colgantes • fios e pendentes • ネックレスとペンダント • 项链和吊坠

necklaces and pendants • Halsketten und Anhänger • collane e ciondoli • colliers et pendentifs
collares y colgantes • fios e pendentes • ネックレスとペンダント • 项链和吊坠

necklaces and pendants • Halsketten und Anhänger • collane e ciondoli • colliers et pendentifs
collares y colgantes • fios e pendentes • ネックレスとペンダント • 项链和吊坠

necklaces and pendants • Halsketten und Anhänger • collane e ciondoli • colliers et pendentifs
collares y colgantes • fios e pendentes • ネックレスとペンダント • 项链和吊坠

collars • Kragen • collari • cols • cuellos • colares • 襟飾り • 项饰

collars • Kragen • collari • cols • cuellos • colares • 襟飾り • 项饰

collars • Kragen • collari • cols • cuellos • colares • 襟飾り • 项饰

collars • Kragen • collari • cols • cuellos • colares • 襟飾り • 项饰

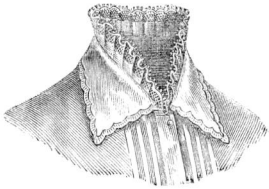

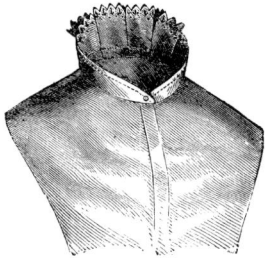

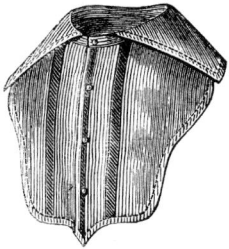

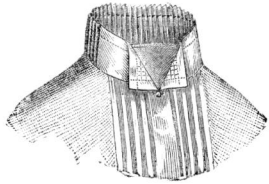

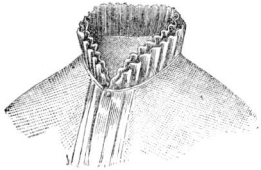

collars • Kragen • collari • cols • cuellos • colares • 襟飾り • 项饰

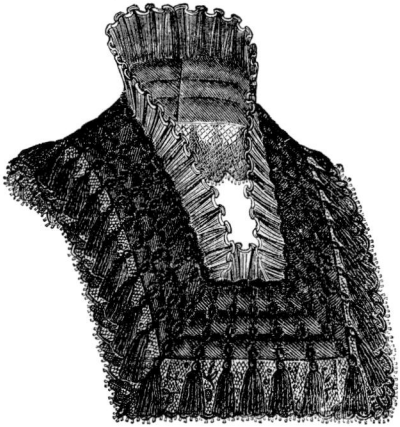

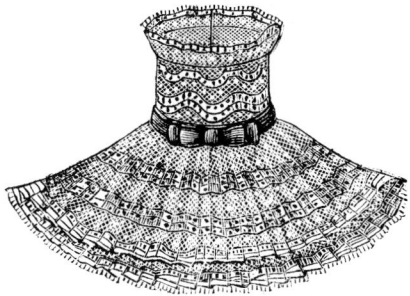

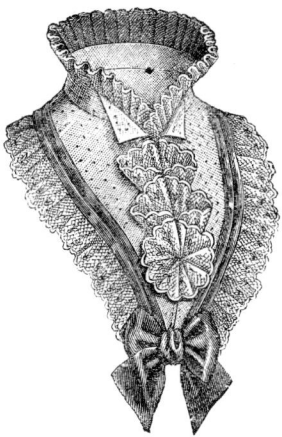

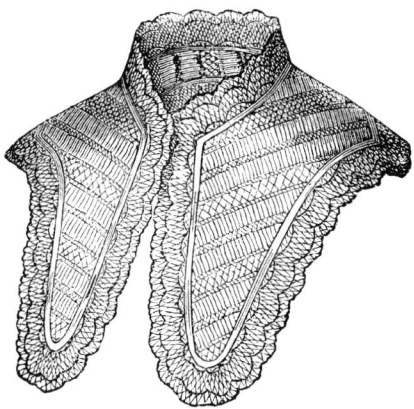

collars • Kragen • collari • cols • cuellos • colares • 襟飾り • 項飾

collars • Kragen • collari • cols • cuellos • colares • 襟飾り • 项饰

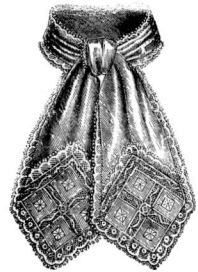

ties and scarves • Krawatten und Schals • cravatte e foulard • cravates et écharpes
corbatas y bufandas • gravatas e lenços • ネクタイとスカーフ • 领带和围巾

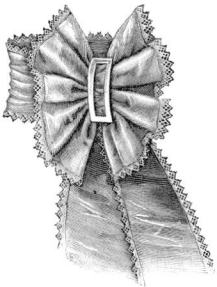

ties and scarves • Krawatten und Schals • cravatte e foulard • cravates et écharpes
corbatas y bufandas • gravatas e lenços • ネクタイとスカーフ • 领带和围巾

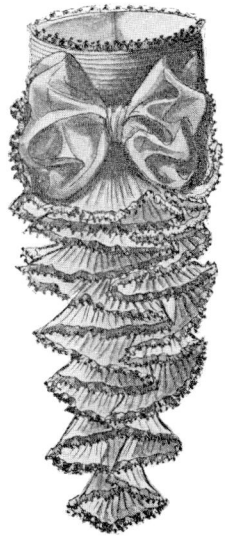

ties and scarves • Krawatten und Schals • cravatte e foulard • cravates et écharpes
corbatas y bufandas • gravatas e lenços • ネクタイとスカーフ • 领带和围巾

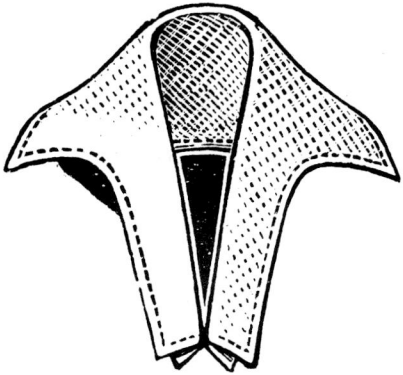

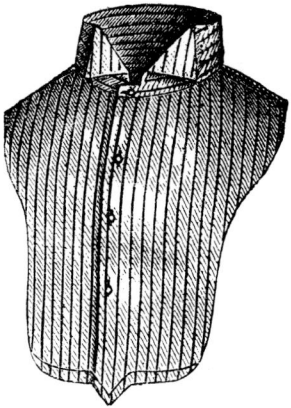

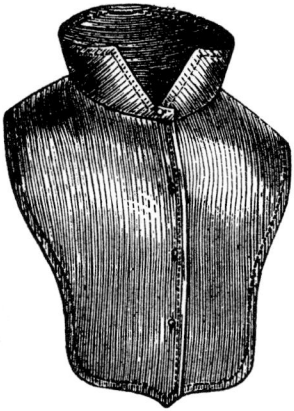

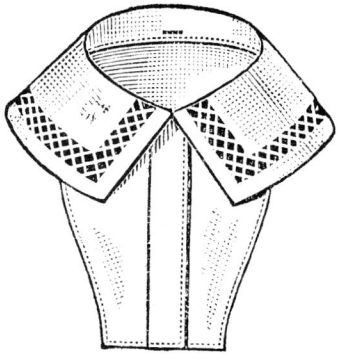

collars • Kragen • collari • cols • cuellos • colares • 襟飾り • 项饰

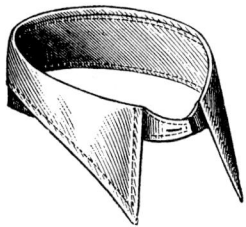

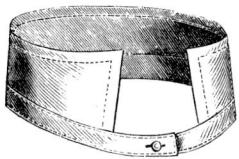

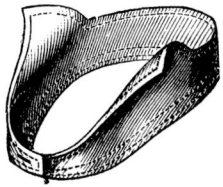

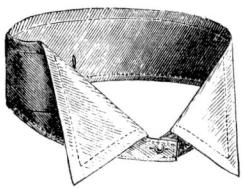

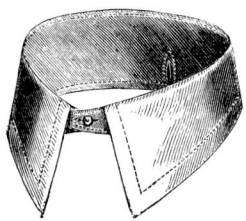

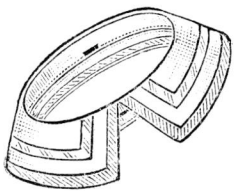

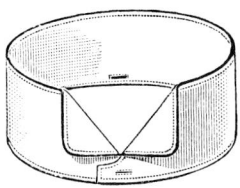

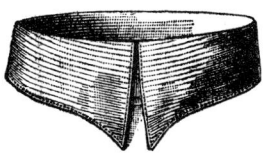

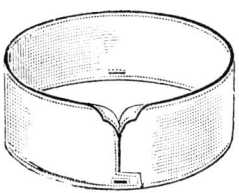

collars • Kragen • collari • cols • cuellos • colares • 襟飾り • 項飾

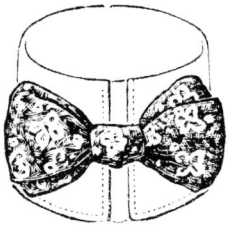

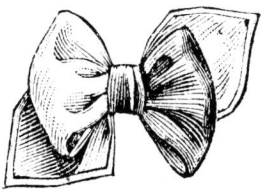

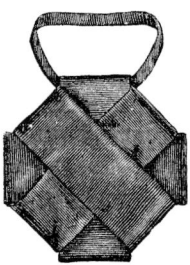

ties and scarves • Krawatten und Schals • cravatte e foulard • cravates et écharpes
corbatas y bufandas • gravatas e lenços • ネクタイとスカーフ • 领带和围巾

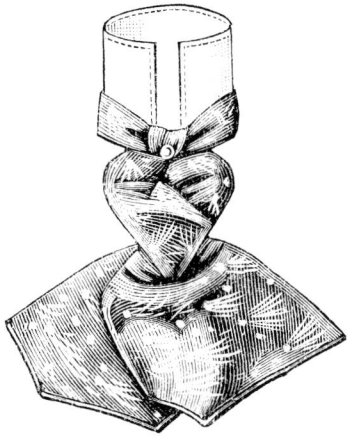

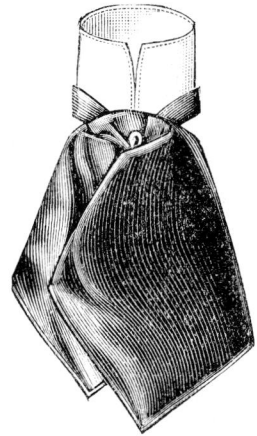

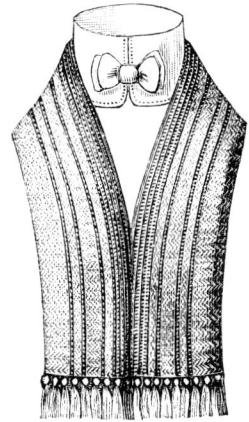

ties and scarves • Krawatten und Schals • cravatte e foulard • cravates et écharpes
corbatas y bufandas • gravatas e lenços • ネクタイとスカーフ • 领带和围巾

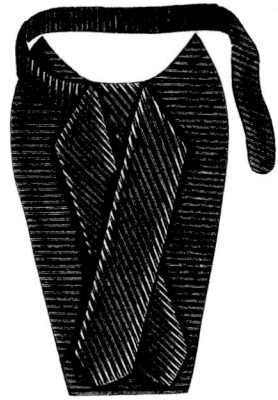

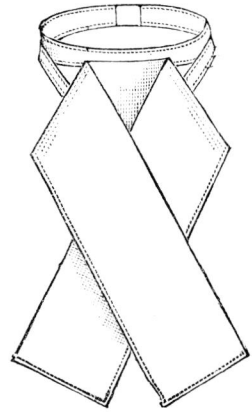

ties and scarves • Krawatten und Schals • cravatte e foulard • cravates et écharpes
corbatas y bufandas • gravatas e lenços • ネクタイとスカーフ • 领带和围巾

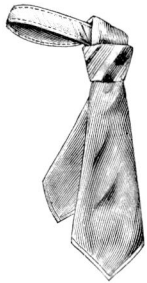

ties and scarves • Krawatten und Schals • cravatte e foulard • cravates et écharpes
corbatas y bufandas • gravatas e lenços • ネクタイとスカーフ • 领带和围巾

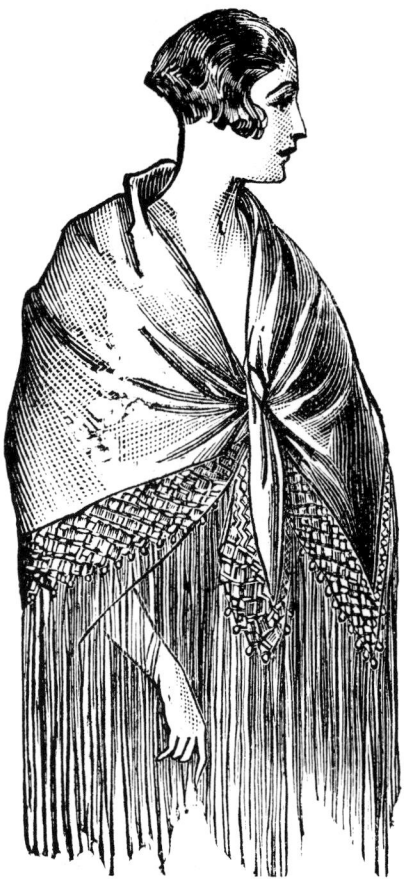

ties and scarves • Krawatten und Schals • cravatte e foulard • cravates et écharpes
corbatas y bufandas • gravatas e lenços • ネクタイとスカーフ • 领带和围巾

ties and scarves • Krawatten und Schals • cravatte e foulard • cravates et écharpes
corbatas y bufandas • gravatas e lenços • ネクタイとスカーフ • 领带和围巾

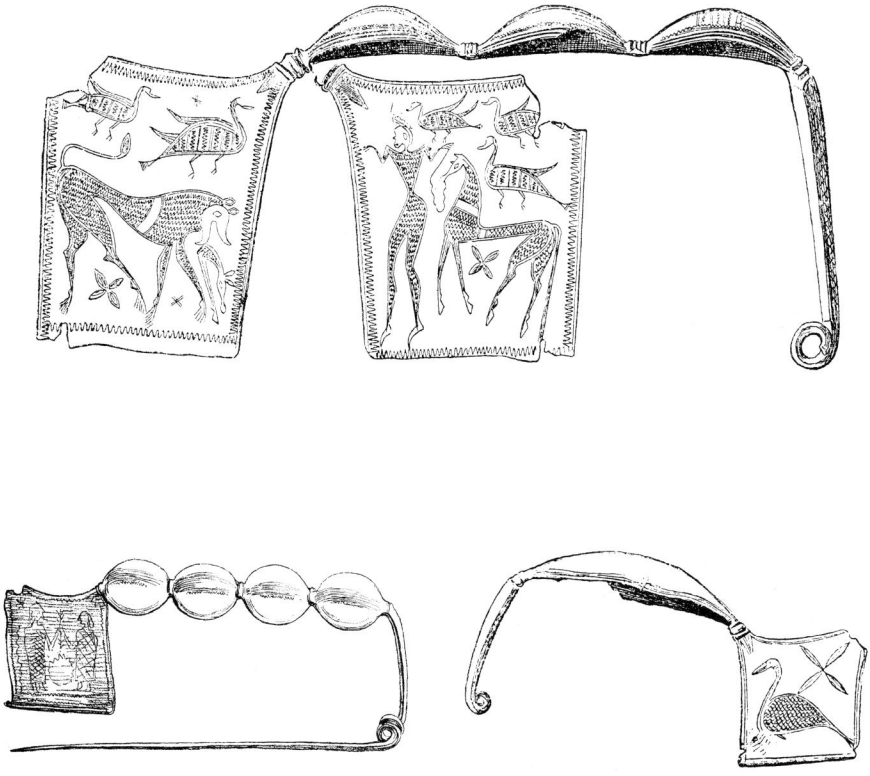

fibulae, pins and brooches • Fibeln, Anstecknadeln und Broschen • fibula, spille e brooche • fermoirs, épingles et broches
fíbulas, alfileres y broches • fíbulas, alfinetes e broches • 留め針、ピン、ブローチ • 胸針、別針和胸花

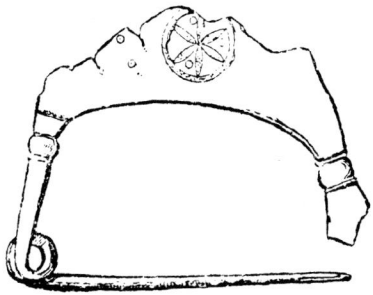

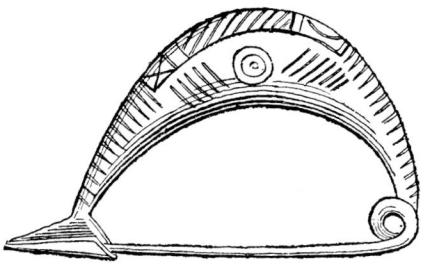

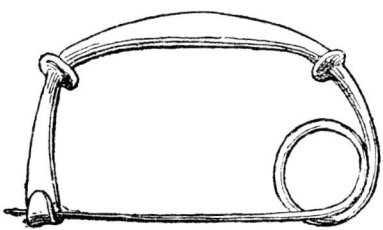

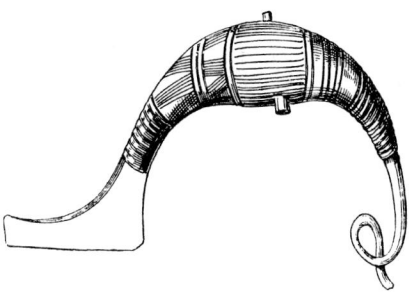

fibulae, pins and brooches • Fibeln, Anstecknadeln und Broschen • fibula, spille e brooche • fermoirs, épingles et broches
fíbulas, alfileres y broches • fíbulas, alfinetes e broches • 留め針、ピン、ブローチ • 胸针、别针和胸花

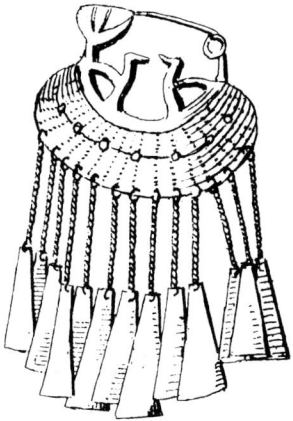

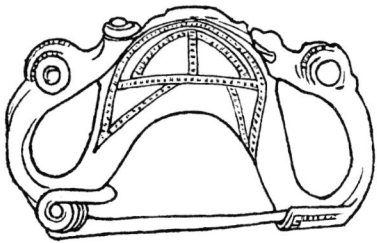

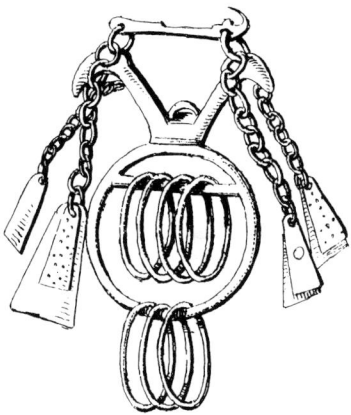

fibulae, pins and brooches • Fibeln, Anstecknadeln und Broschen • fibula, spille e brooche • fermoirs, épingles et broches
fíbulas, alfileres y broches • fíbulas, alfinetes e broches • 留め針、ピン、ブローチ • 胸针、别针和胸花

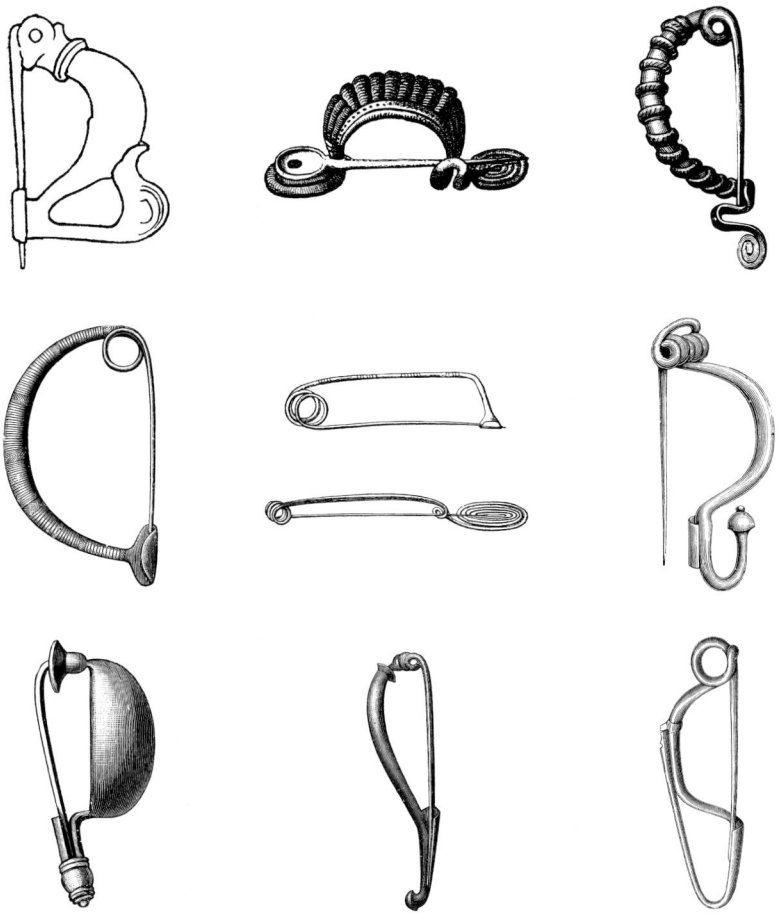

fibulae, pins and brooches • Fibeln, Anstecknadeln und Broschen • fibula, spille e brooche • fermoirs, épingles et broches
fíbulas, alfileres y broches • fíbulas, alfinetes e broches • 留め針、ピン、ブローチ • 胸针、别针和胸花

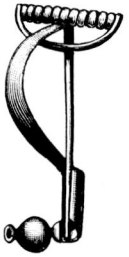

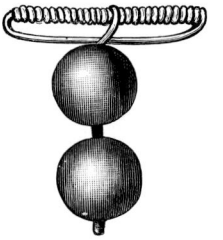
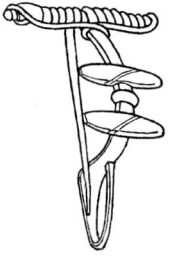
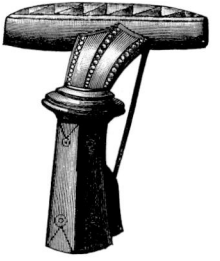

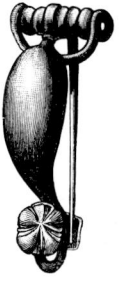
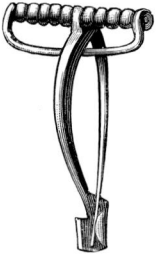

fibulae, pins and brooches • Fibeln, Anstecknadeln und Broschen • fibula, spille e brooche • fermoirs, épingles et broches
fíbulas, alfileres y broches • fíbulas, alfinetes e broches • 留め針、ピン、ブローチ • 胸针、别针和胸花

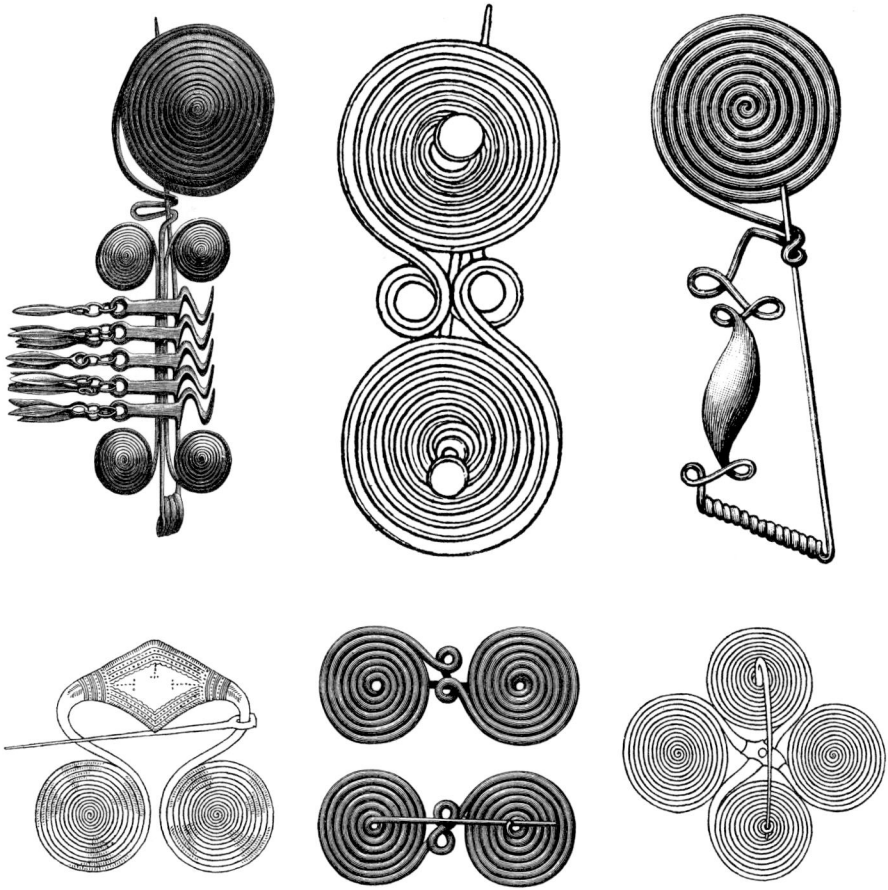

fibulae, pins and brooches • Fibeln, Anstecknadeln und Broschen • fibula, spille e brooche • fermoirs, épingles et broches
fíbulas, alfileres y broches • fíbulas, alfinetes e broches • 留め針、ピン、ブローチ • 胸针、别针和胸花

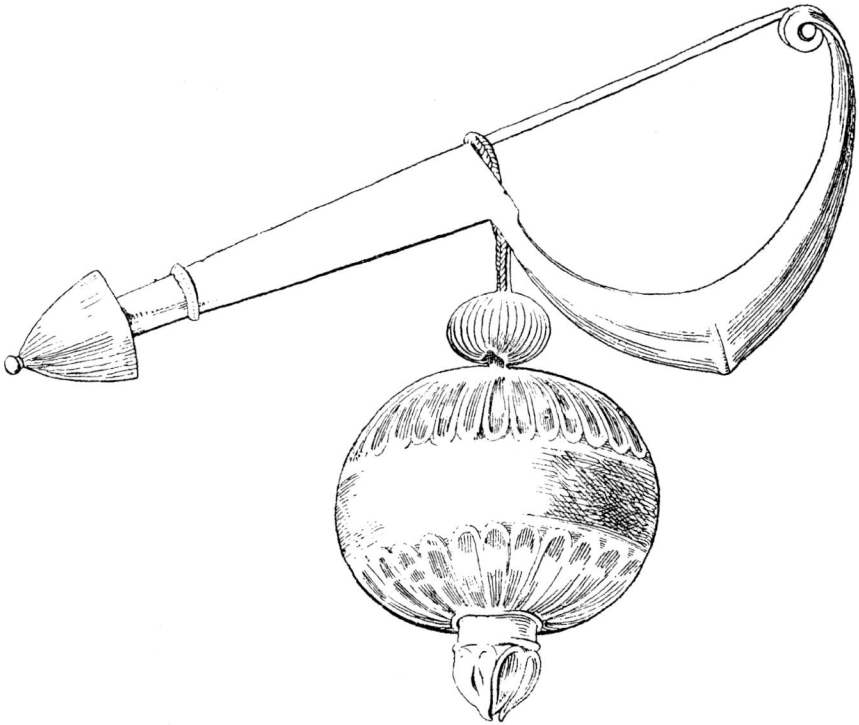

fibulae, pins and brooches • Fibeln, Anstecknadeln und Broschen • fibula, spille e brooche • fermoirs, épingles et broches
fíbulas, alfileres y broches • fíbulas, alfinetes e broches • 留め針、ピン、ブローチ • 胸针、别针和胸花

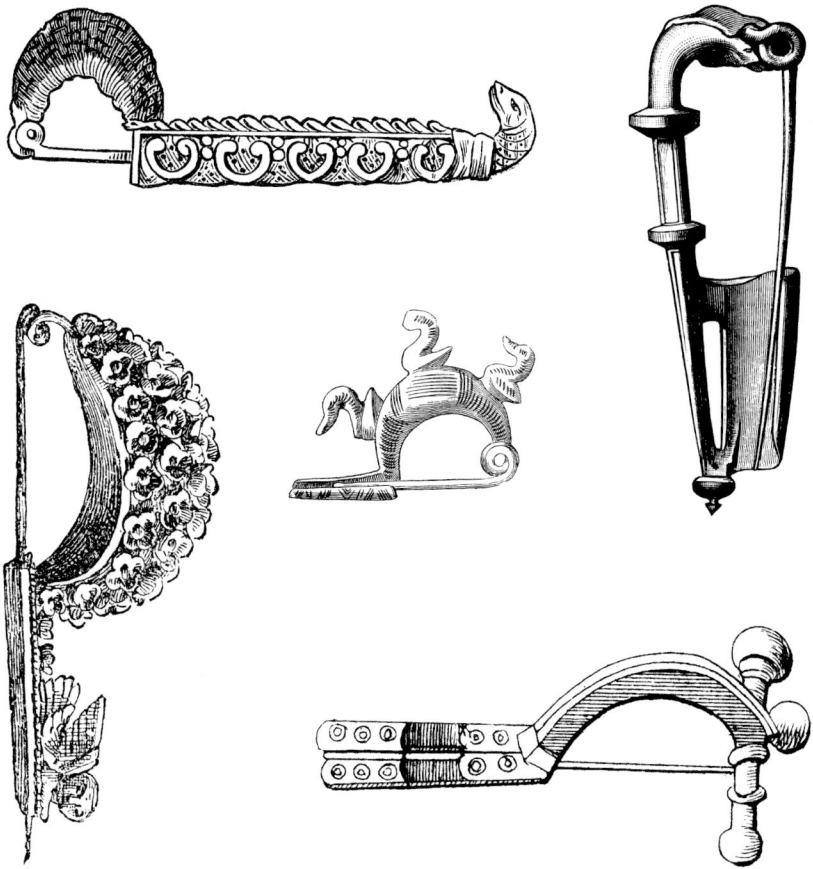

fibulae, pins and brooches • Fibeln, Anstecknadeln und Broschen • fibula, spille e brooche • fermoirs, épingles et broches
fíbulas, alfileres y broches • fíbulas, alfinetes e broches • 留め針、ピン、ブローチ • 胸针、别针和胸花

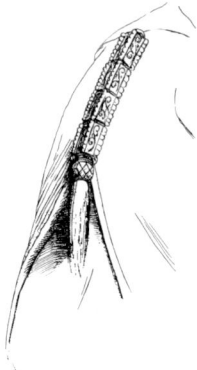

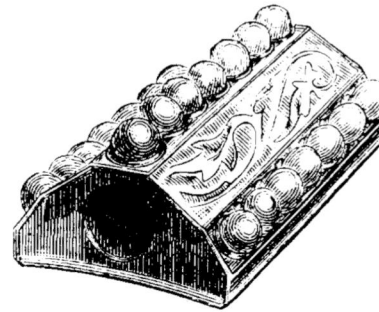

fibulae, pins and brooches • Fibeln, Anstecknadeln und Broschen • fibula, spille e brooche • fermoirs, épingles et broches
fíbulas, alfileres y broches • fíbulas, alfinetes e broches • 留め針、ピン、ブローチ • 胸针、 别针和胸花

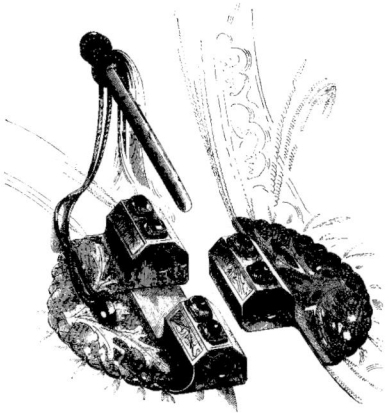

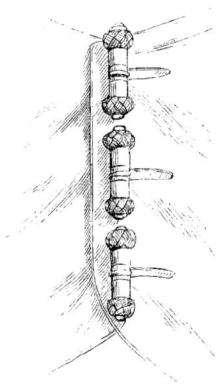

fibulae, pins and brooches • Fibeln, Anstecknadeln und Broschen • fibula, spille e brooche • fermoirs, épingles et broches
fíbulas, alfileres y broches • fíbulas, alfinetes e broches • 留め針、ピン、ブローチ • 胸针、别针和胸花

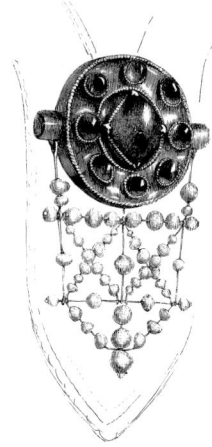

fibulae, pins and brooches • Fibeln, Anstecknadeln und Broschen • fibula, spille e brooche • fermoirs, épingles et broches
fíbulas, alfileres y broches • fíbulas, alfinetes e broches • 留め針、ピン、ブローチ • 胸针、别针和胸花

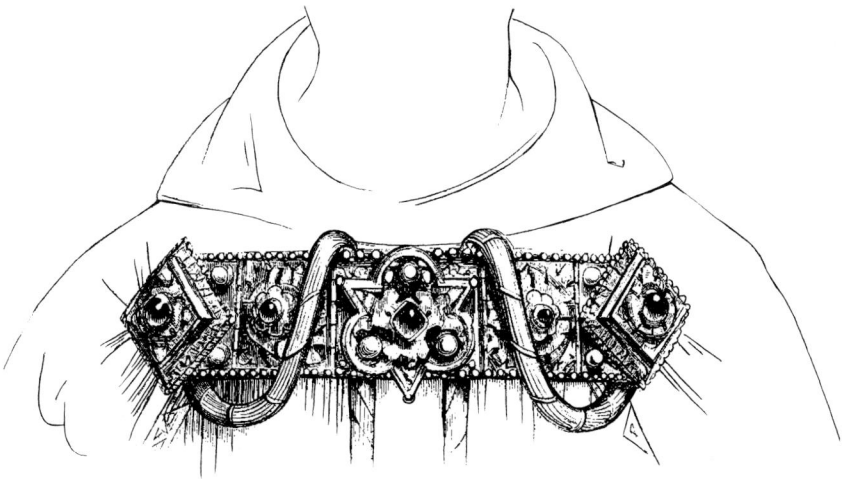

fibulae, pins and brooches • Fibeln, Anstecknadeln und Broschen • fibula, spille e brooche • fermoirs, épingles et broches
fíbulas, alfileres y broches • fíbulas, alfinetes e broches • 留め針、ピン、ブローチ • 胸针、别针和胸花

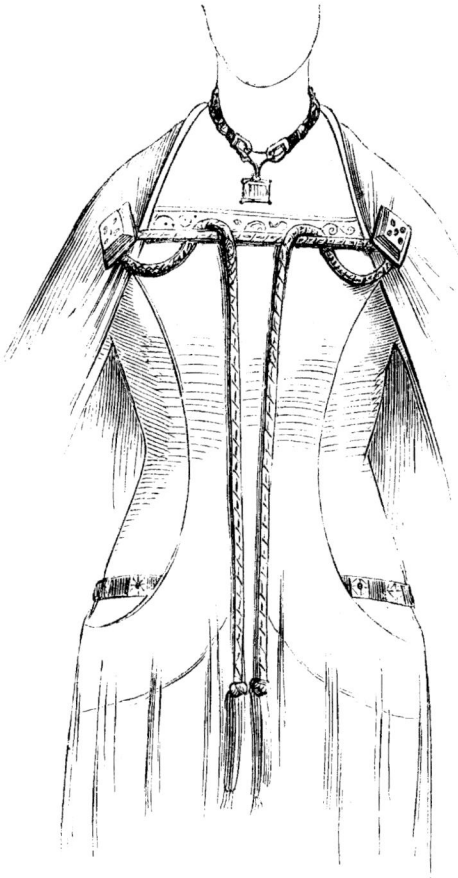

fibulae, pins and brooches • Fibeln, Anstecknadeln und Broschen • fibula, spille e brooche • fermoirs, épingles et broches
fíbulas, alfileres y broches • fíbulas, alfinetes e broches • 留め針、ピン、ブローチ • 胸针、别针和胸花

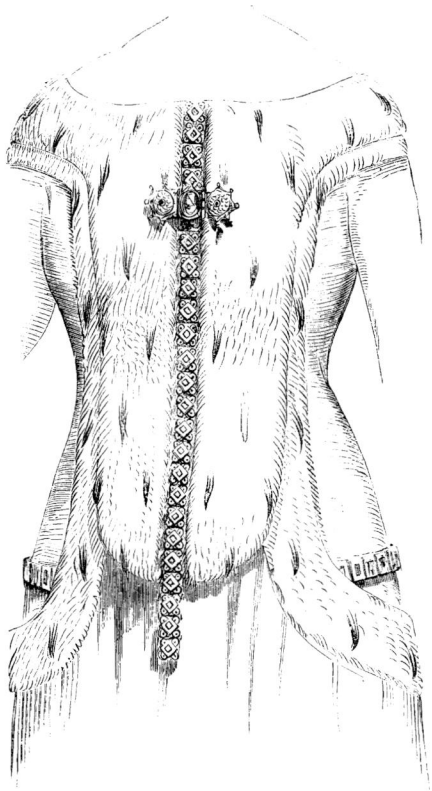

fibulae, pins and brooches • Fibeln, Anstecknadeln und Broschen • fibula, spille e brooche • fermoirs, épingles et broches
fíbulas, alfileres y broches • fíbulas, alfinetes e broches • 留め針、ピン、ブローチ • 胸针、别针和胸花

fibulae, pins and brooches • Fibeln, Anstecknadeln und Broschen • fibula, spille e brooche • fermoirs, épingles et broches
fíbulas, alfileres y broches • fíbulas, alfinetes e broches • 留め針、ピン、ブローチ • 胸針、 別针和胸花

fibulae, pins and brooches • Fibeln, Anstecknadeln und Broschen • fibula, spille e brooche • fermoirs, épingles et broches
fíbulas, alfileres y broches • fíbulas, alfinetes e broches • 留め針、ピン、ブローチ • 胸针、别针和胸花

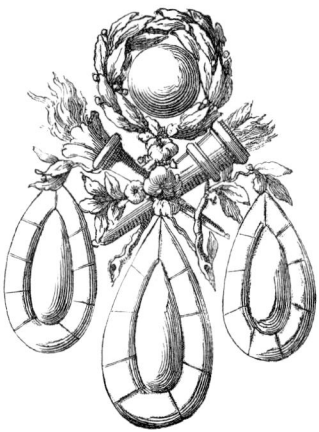

fibulae, pins and brooches • Fibeln, Anstecknadeln und Broschen • fibula, spille e brooche • fermoirs, épingles et broches
fíbulas, alfileres y broches • fíbulas, alfinetes e broches • 留め針、ピン、ブローチ • 胸针、别针和胸花

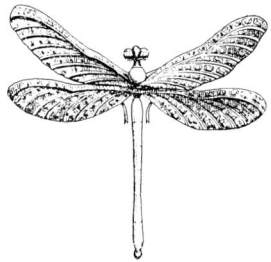
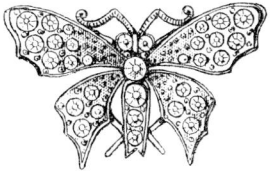

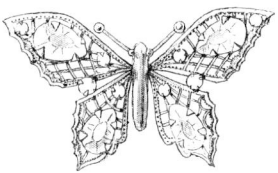
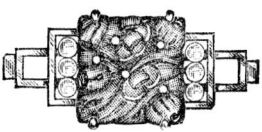

fibulae, pins and brooches • Fibeln, Anstecknadeln und Broschen • fibula, spille e brooche • fermoirs, épingles et broches
fíbulas, alfileres y broches • fíbulas, alfinetes e broches • 留め針、ピン、ブローチ • 胸针、别针和胸花

fibulae, pins and brooches • Fibeln, Anstecknadeln und Broschen • fibula, spille e brooche • fermoirs, épingles et broches
fíbulas, alfileres y broches • fíbulas, alfinetes e broches • 留め針、ピン、ブローチ • 胸针、别针和胸花

fibulae, pins and brooches • Fibeln, Anstecknadeln und Broschen • fibula, spille e brooche • fermoirs, épingles et broches
fíbulas, alfileres y broches • fíbulas, alfinetes e broches • 留め針、ピン、ブローチ • 胸針、別針和胸花

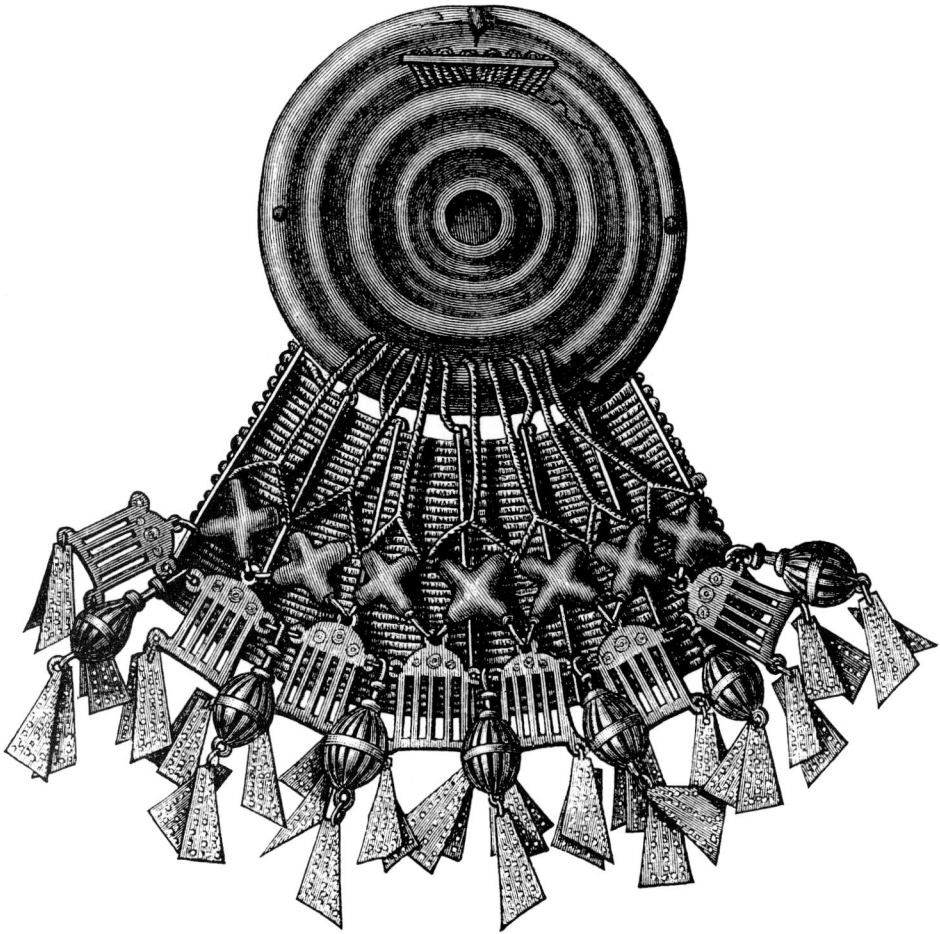

fibulae, pins and brooches • Fibeln, Anstecknadeln und Broschen • fibula, spille e brooche • fermoirs, épingles et broches
fíbulas, alfileres y broches • fíbulas, alfinetes e broches • 留め針、ピン、ブローチ • 胸针、别针和胸花

fibulae, pins and brooches • Fibeln, Anstecknadeln und Broschen • fibula, spille e brooche • fermoirs, épingles et broches
fíbulas, alfileres y broches • fíbulas, alfinetes e broches • 留め針、ピン、ブローチ • 胸针、别针和胸花

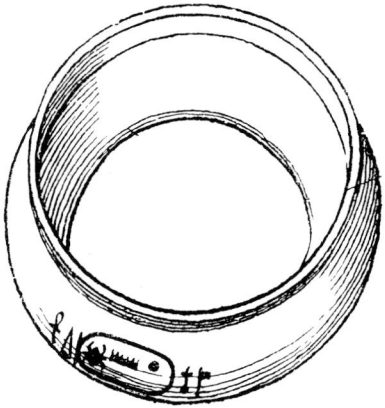

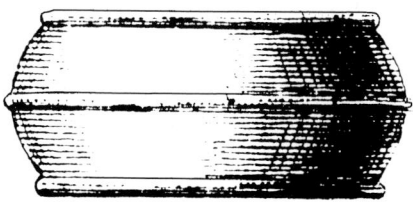

bracelets and wrist decorations • Armbänder und Armschmuck • braccialetti e decorazioni per il braccio • ornements pour bras et poignets
pulseras y adornos para los brazos • braceletes e ornamentos para o braço • 腕飾りとブレスレット • 臂饰和腕饰

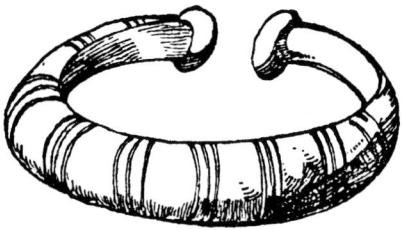

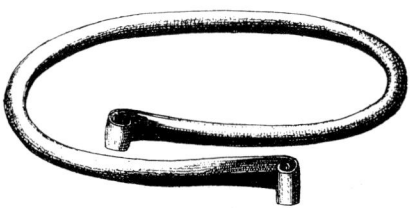

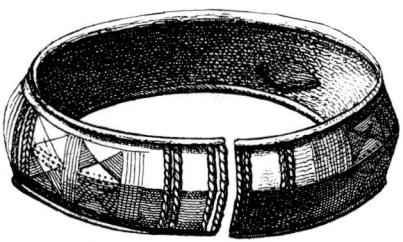

bracelets and wrist decorations • Armbänder und Armschmuck • braccialetti e decorazioni per il braccio • ornements pour bras et poignets
pulseras y adornos para los brazos • braceletes e ornamentos para o braço • 腕飾りとブレスレット • 臂饰和腕饰

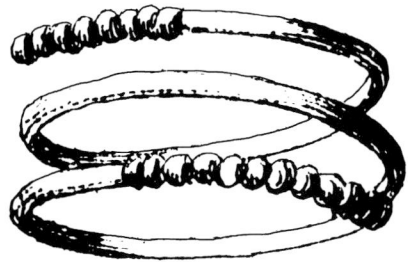

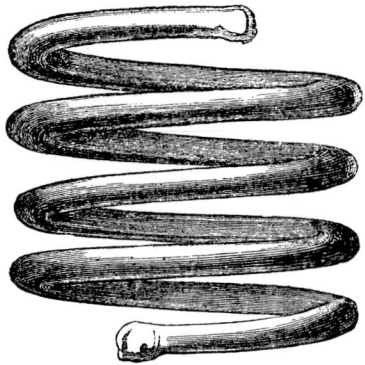

bracelets and wrist decorations • Armbänder und Armschmuck • braccialetti e decorazioni per il braccio • ornements pour bras et poignets
pulseras y adornos para los brazos • braceletes e ornamentos para o braço • 腕飾りとブレスレット • 臂饰和腕饰

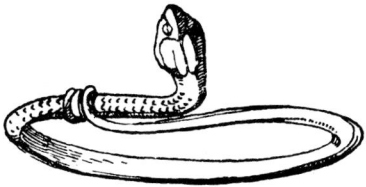

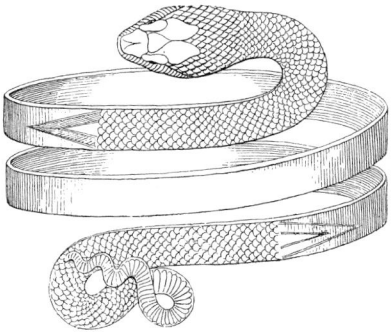

bracelets and wrist decorations • Armbänder und Armschmuck • braccialetti e decorazioni per il braccio • ornements pour bras et poignets
pulseras y adornos para los brazos • braceletes e ornamentos para o braço • 腕飾りとブレスレット • 臂饰和腕饰

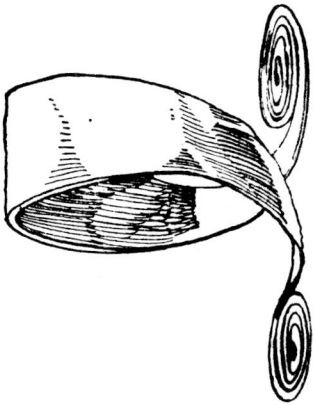

bracelets and wrist decorations • Armbänder und Armschmuck • braccialetti e decorazioni per il braccio • ornements pour bras et poignets
pulseras y adornos para los brazos • braceletes e ornamentos para o braço • 腕飾りとブレスレット • 臂饰和腕饰

bracelets and wrist decorations • Armbänder und Armschmuck • braccialetti e decorazioni per il braccio • ornements pour bras et poignets
pulseras y adornos para los brazos • braceletes e ornamentos para o braço • 腕飾りとブレスレット • 臂饰和腕饰

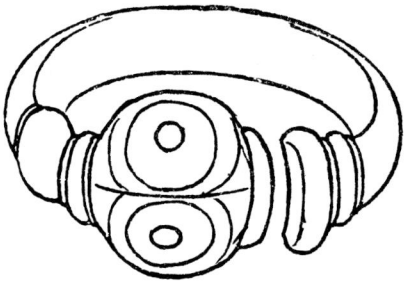

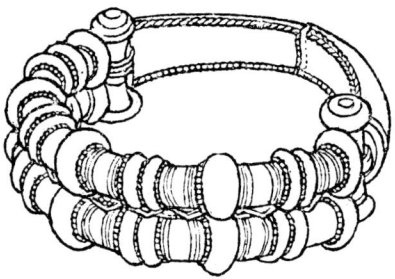

bracelets and wrist decorations • Armbänder und Armschmuck • braccialetti e decorazioni per il braccio • ornements pour bras et poignets
pulseras y adornos para los brazos • braceletes e ornamentos para o braço • 腕飾りとブレスレット • 臂饰和腕饰

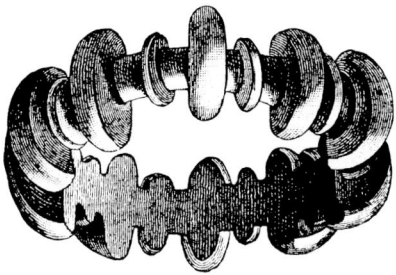

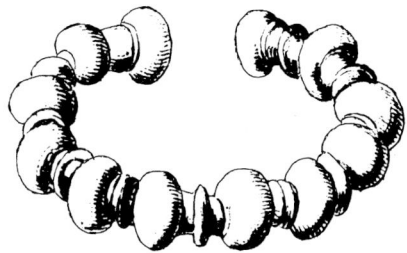

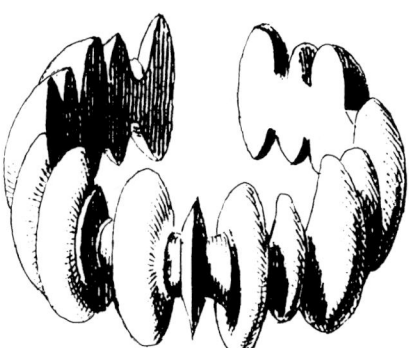

bracelets and wrist decorations • Armbänder und Armschmuck • braccialetti e decorazioni per il braccio • ornements pour bras et poignets
pulseras y adornos para los brazos • braceletes e ornamentos para o braço • 腕飾りとブレスレット • 臂饰和腕饰

bracelets and wrist decorations • Armbänder und Armschmuck • braccialetti e decorazioni per il braccio • ornements pour bras et poignets
pulseras y adornos para los brazos • braceletes e ornamentos para o braço • 腕飾りとブレスレット • 臂饰和腕饰

bracelets and wrist decorations • Armbänder und Armschmuck • braccialetti e decorazioni per il braccio • ornements pour bras et poignets
pulseras y adornos para los brazos • braceletes e ornamentos para o braço • 腕飾りとブレスレット • 臂饰和腕饰

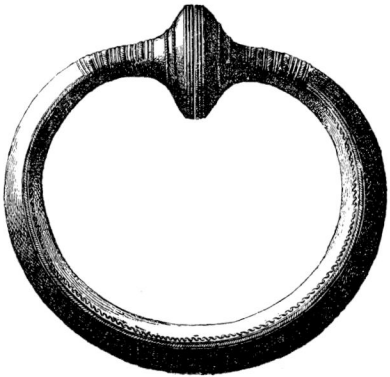

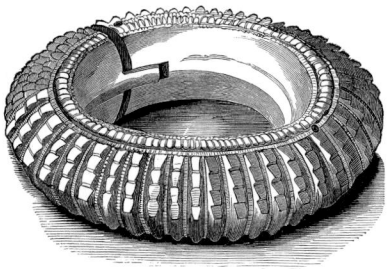

bracelets and wrist decorations • Armbänder und Armschmuck • braccialetti e decorazioni per il braccio • ornements pour bras et poignets
pulseras y adornos para los brazos • braceletes e ornamentos para o braço • 腕飾りとブレスレット • 臂饰和腕饰

bracelets and wrist decorations • Armbänder und Armschmuck • braccialetti e decorazioni per il braccio • ornements pour bras et poignets
pulseras y adornos para los brazos • braceletes e ornamentos para o braço • 腕飾りとブレスレット • 臂饰和腕饰

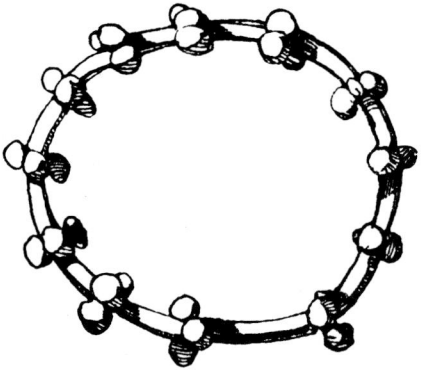

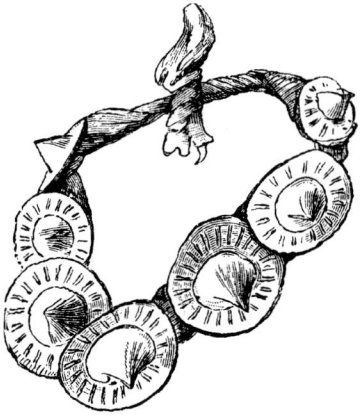

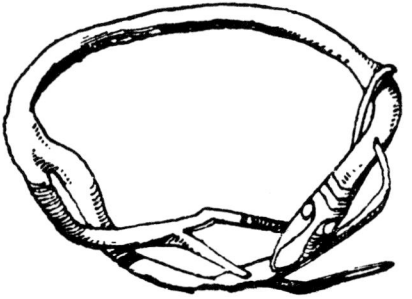

bracelets and wrist decorations • Armbänder und Armschmuck • braccialetti e decorazioni per il braccio • ornements pour bras et poignets
pulseras y adornos para los brazos • braceletes e ornamentos para o braço • 腕飾りとブレスレット • 臂饰和腕饰

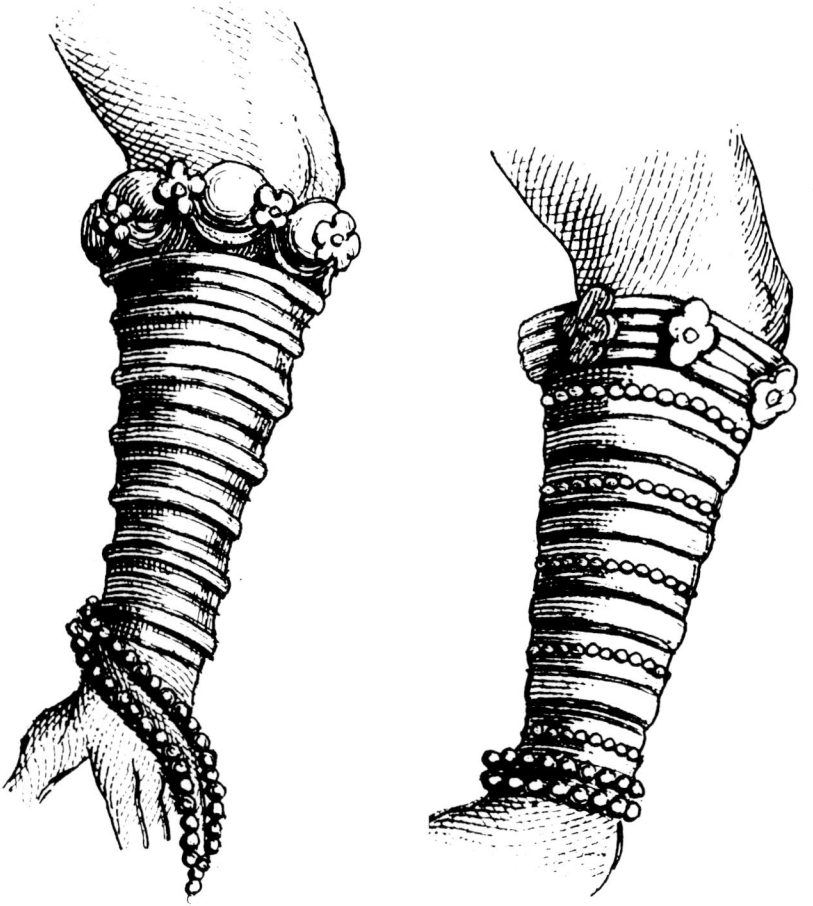

bracelets and wrist decorations • Armbänder und Armschmuck • braccialetti e decorazioni per il braccio • ornements pour bras et poignets
pulseras y adornos para los brazos • braceletes e ornamentos para o braço • 腕飾りとブレスレット • 臂饰和腕饰

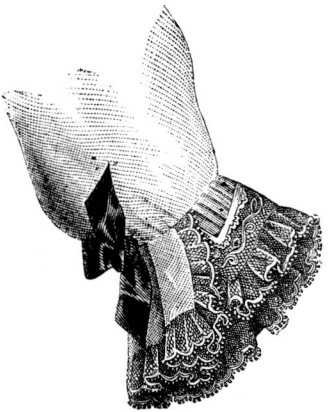

cuffs • Manschetten • polsi • manchettes • puños de camisa • punhos • カフス • 护腕

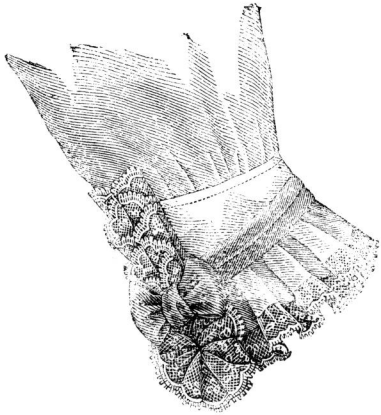

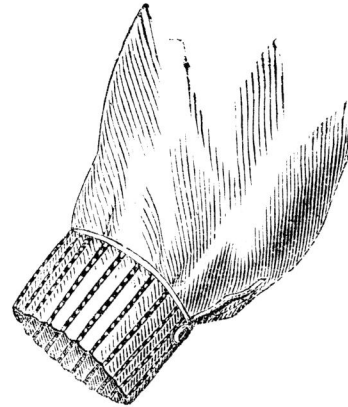

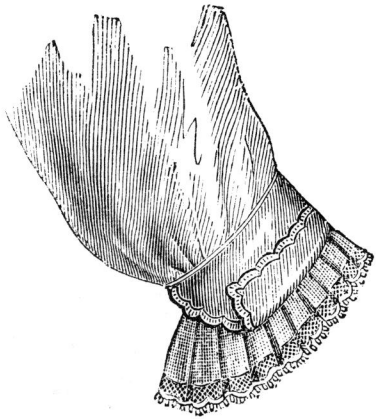

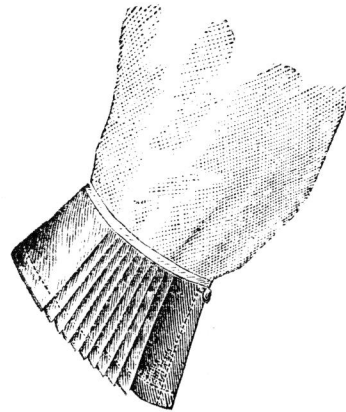

cuffs • Manschetten • polsi • manchettes • puños de camisa • punhos • カフス • 护腕

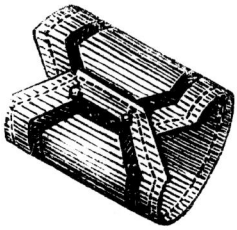
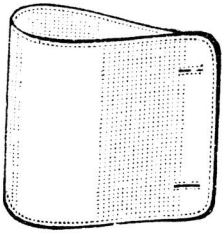
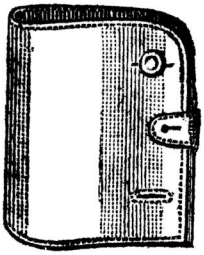
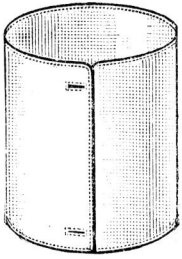

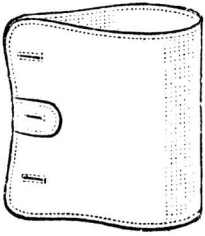
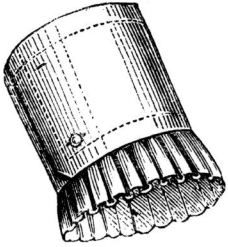
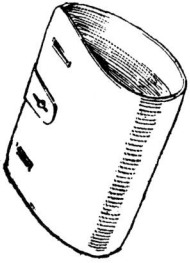
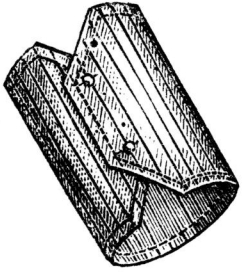

cuffs • Manschetten • polsi • manchettes • puños de camisa • punhos • カフス • 护腕

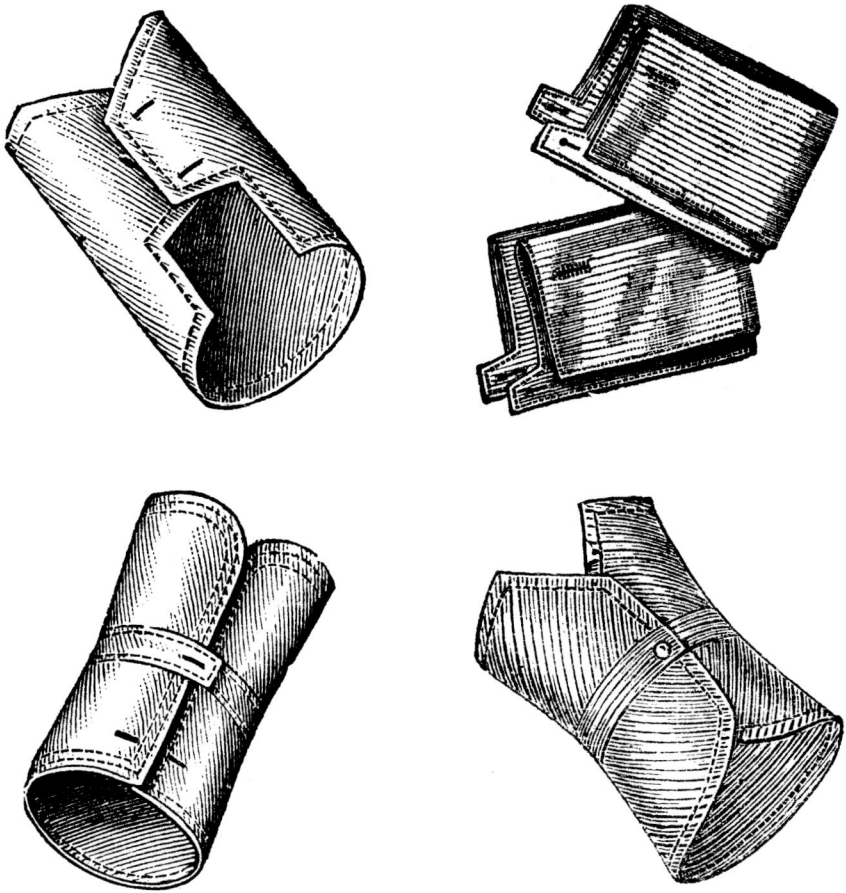

cuffs • Manschetten • polsi • manchettes • puños de camisa • punhos • カフス • 护腕

watches • Uhren • orologi • montres • relojes • relógios • 腕時計 • 手表

watches • Uhren • orologi • montres • relojes • relógios • 腕時計 • 手表

rings • Ringe • anelli • bagues • anillos • anéis • 指輪 • 戒指

rings • Ringe • anelli • bagues • anillos • anéis • 指輪 • 戒指

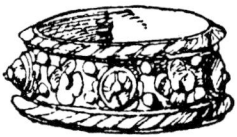

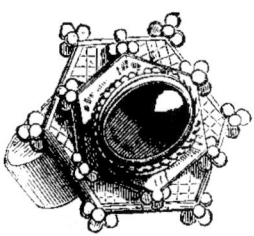

rings • Ringe • anelli • bagues • anillos • anéis • 指輪 • 戒指

rings • Ringe • anelli • bagues • anillos • anéis • 指輪 • 戒指

umbrellas • Schirme • ombrelli • parapluies • paraguas • chapéus-de-chuva • 傘 • 雨傘

umbrellas • Schirme • ombrelli • parapluies • paraguas • chapéus-de-chuva • 傘 • 伞

umbrellas • Schirme • ombrelli • parapluies • paraguas • chapéus-de-chuva • 傘 • ☂

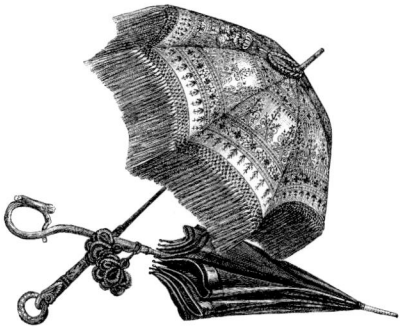

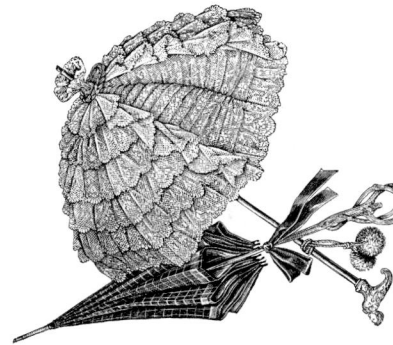

umbrellas • Schirme • ombrelli • parapluies • paraguas • chapéus-de-chuva • 傘 • ☂

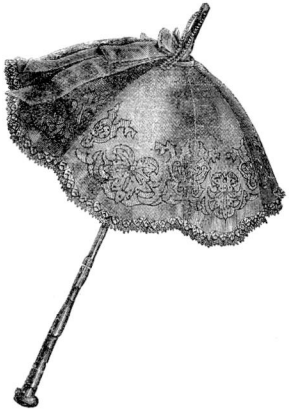

umbrellas • Schirme • ombrelli • parapluies • paraguas • chapéus-de-chuva • 傘 • ☂

umbrellas • Schirme • ombrelli • parapluies • paraguas • chapéus-de-chuva • 傘 • 伞

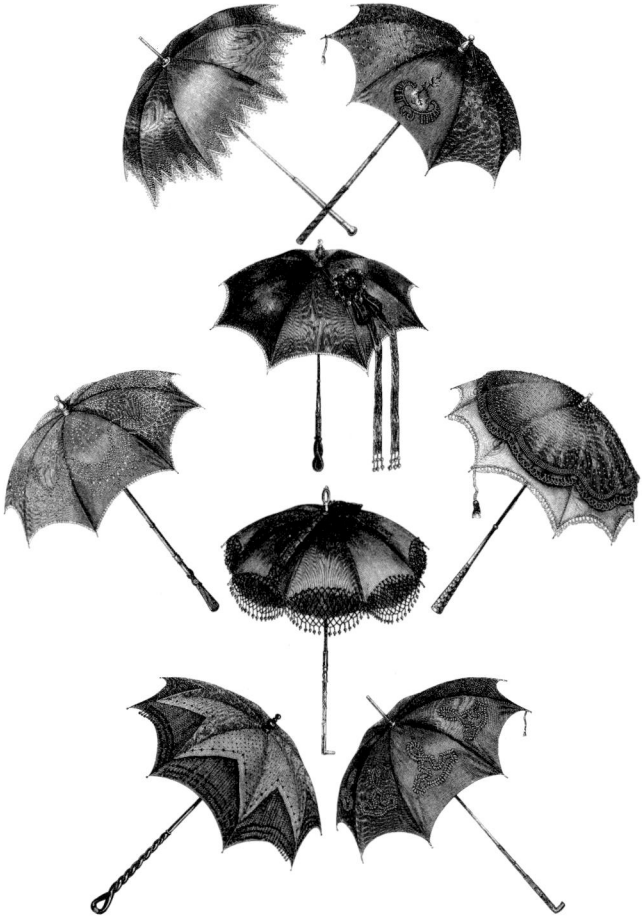

umbrellas • Schirme • ombrelli • parapluies • paraguas • chapéus-de-chuva • ☂ • ⛱

umbrellas • Schirme • ombrelli • parapluies • paraguas • chapéus-de-chuva • 傘 • 우산

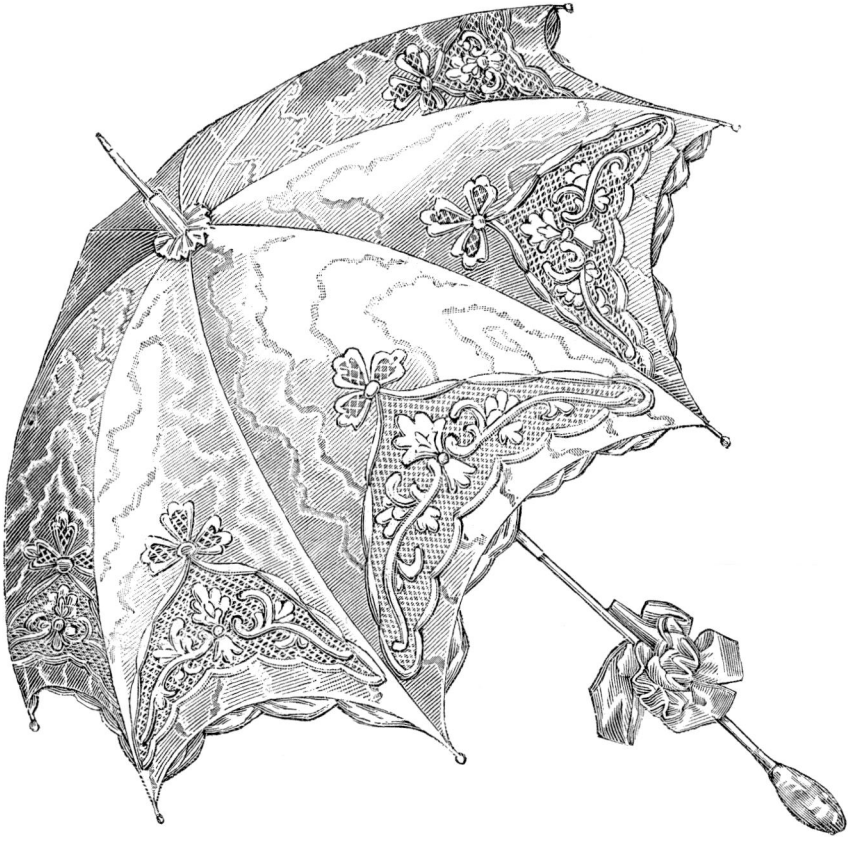

umbrellas • Schirme • ombrelli • parapluies • paraguas • chapéus-de-chuva • 傘 • ☂

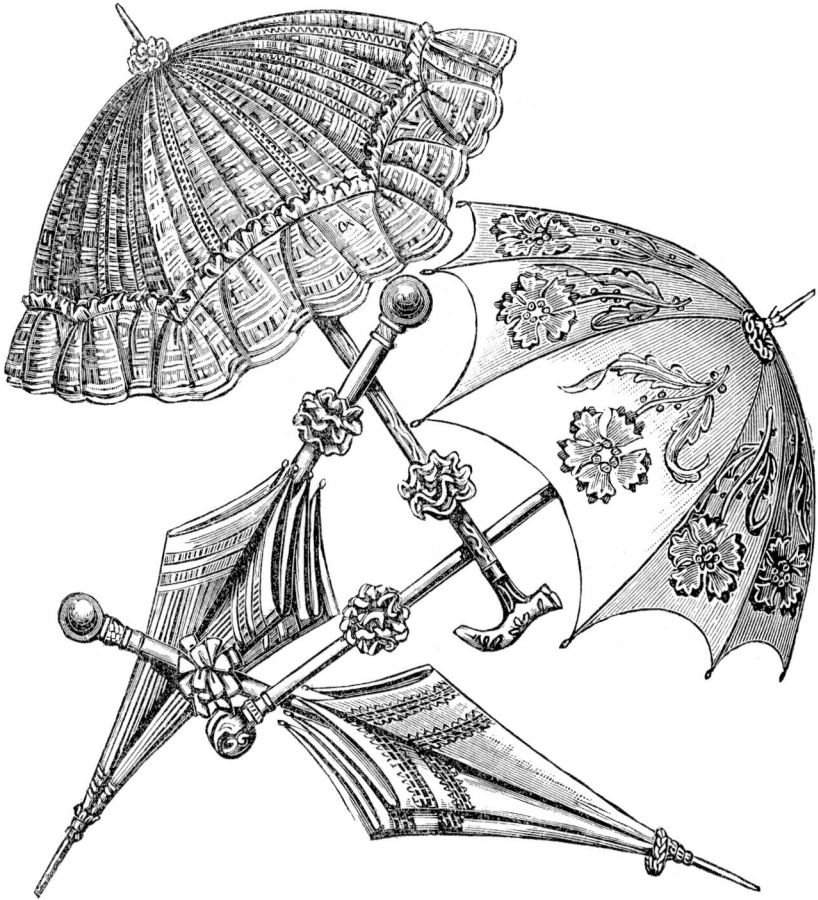

umbrellas • Schirme • ombrelli • parapluies • paraguas • chapéus-de-chuva • 傘 • ☂

fans • Fächer • ventagli • éventails • abanicos • leques • 扇子 • 扇子

fans • Fächer • ventagli • éventails • abanicos • leques • 扇子 • 扇子

fans • Fächer • ventagli • éventails • abanicos • leques • 扇子 • 扇子

fans • Fächer • ventagli • éventails • abanicos • leques • 扇子 • 扇子

fans • Fächer • ventagli • éventails • abanicos • leques • 扇子 • 扇子

fans • Fächer • ventagli • éventails • abanicos • leques • 扇子 • 扇子

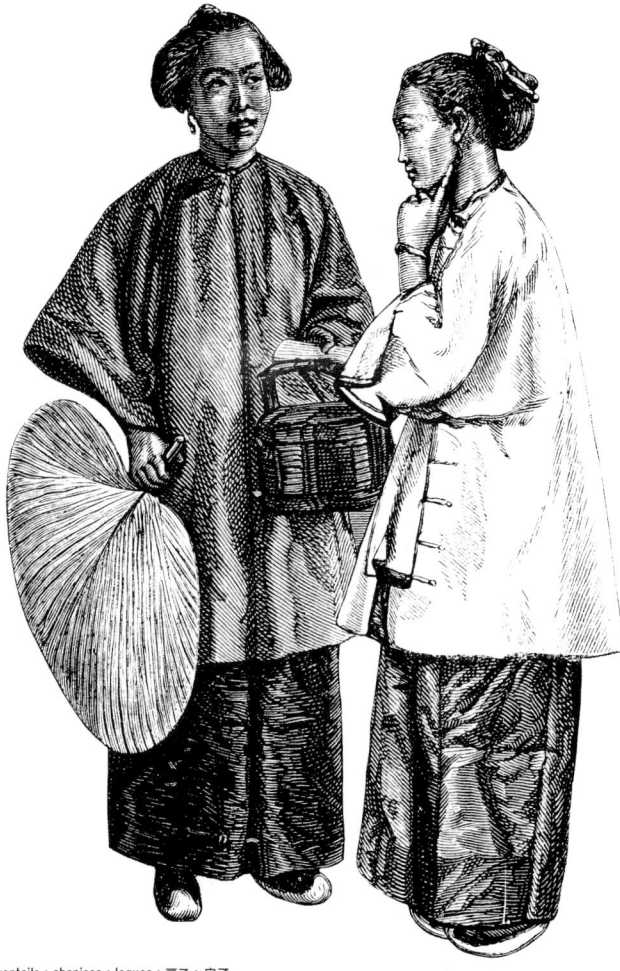

fans • Fächer • ventagli • éventails • abanicos • leques • 扇子 • 扇子

fans • Fächer • ventagli • éventails • abanicos • leques • 扇子 • 扇子

fans • Fächer • ventagli • éventails • abanicos • leques • 扇子 • 扇子

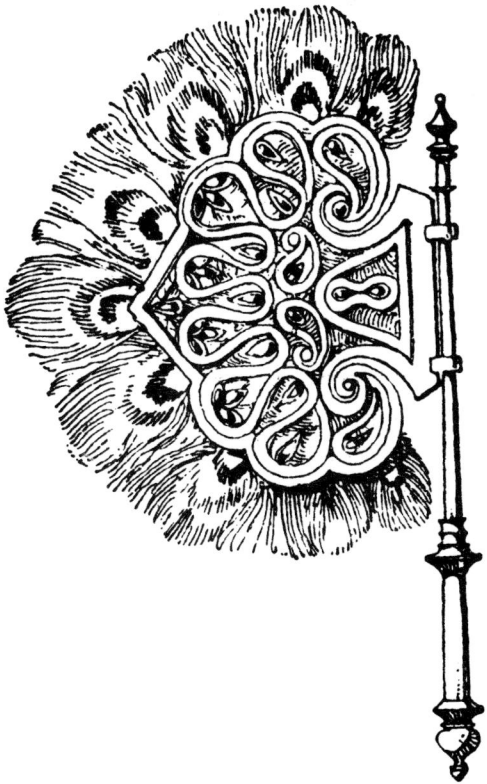

fans • Fächer • ventagli • éventails • abanicos • leques • 扇子 • 扇子

fans • Fächer • ventagli • éventails • abanicos • leques • 扇子 • 扇子

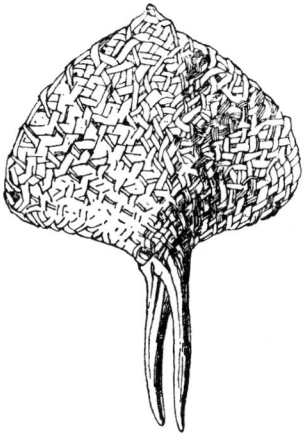

fans • Fächer • ventagli • éventails • abanicos • leques • 扇子 • 扇子

fans • Fächer • ventagli • éventails • abanicos • leques • 扇子 • 扇子

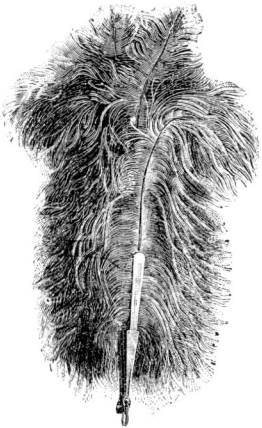

fans • Fächer • ventagli • éventails • abanicos • leques • 扇子 • 扇子

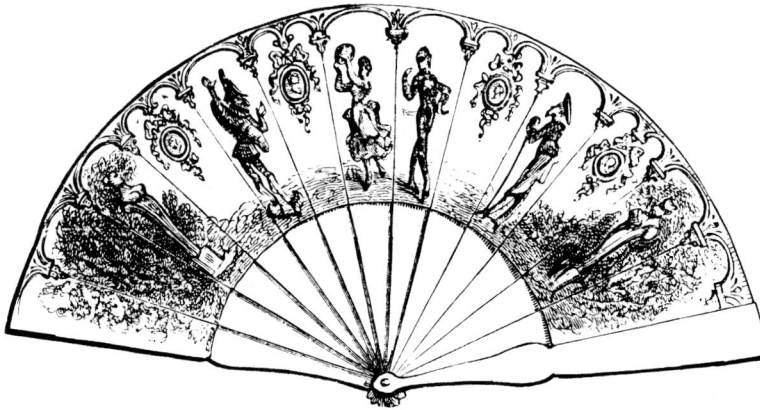

fans • Fächer • ventagli • éventails • abanicos • leques • 扇子 • 扇子

fans • Fächer • ventagli • éventails • abanicos • leques • 扇子 • 扇子

fans • Fächer • ventagli • éventails • abanicos • leques • 扇子 • 扇子

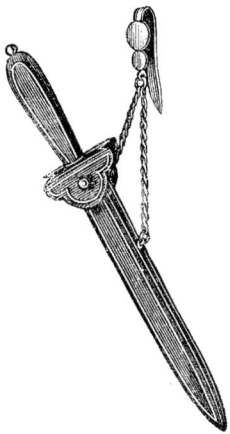

fans • Fächer • ventagli • éventails • abanicos • leques • 扇子 • 扇子

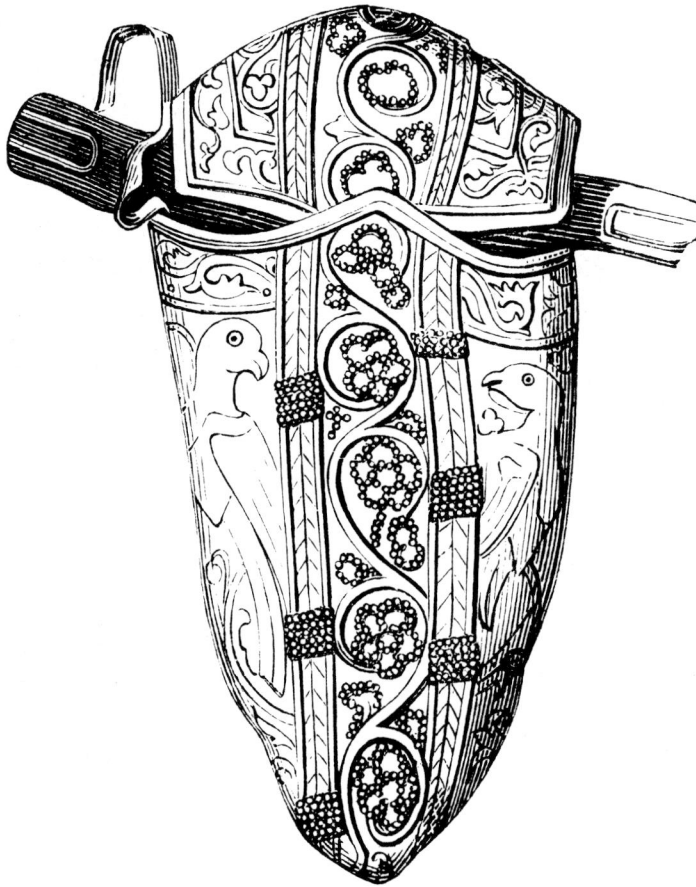

bags and purses • Taschen und Geldbörsen • sacche e borse • sacs et porte-monnaie
bolsos y monederos • malas e bolsas • バッグと財布 • 包和钱包

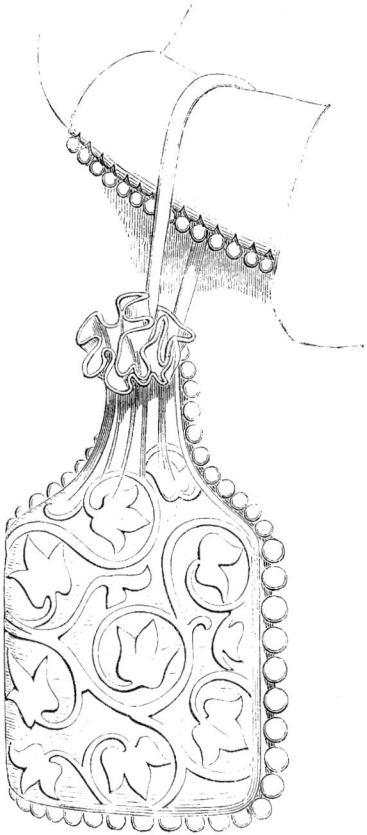

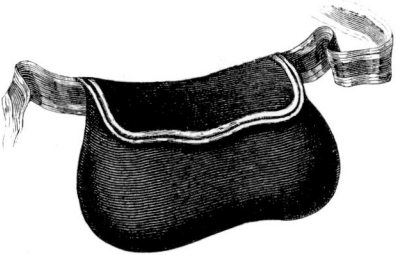

bags and purses • Taschen und Geldbörsen • sacche e borse • sacs et porte-monnaie
bolsos y monederos • malas e bolsas • バッグと財布 • 包和钱包

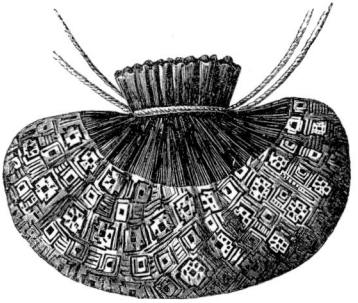

bags and purses • Taschen und Geldbörsen • sacche e borse • sacs et porte-monnaie
bolsos y monederos • malas e bolsas • バッグと財布 • 包和钱包

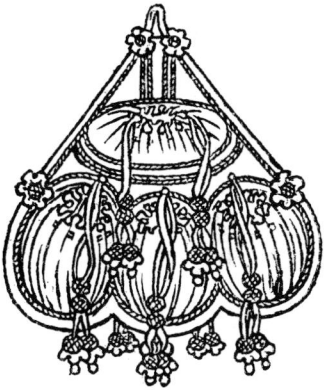

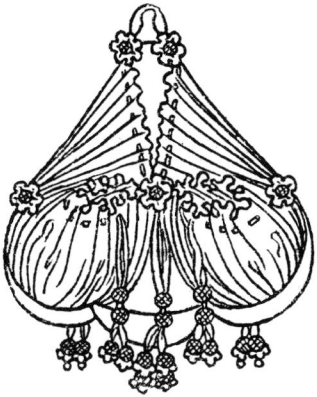

bags and purses • Taschen und Geldbörsen • sacche e borse • sacs et porte-monnaie
bolsos y monederos • malas e bolsas • バッグと財布 • 包和钱包

bags and purses • Taschen und Geldbörsen • sacche e borse • sacs et porte-monnaie
bolsos y monederos • malas e bolsas • バッグと財布 • 包和钱包

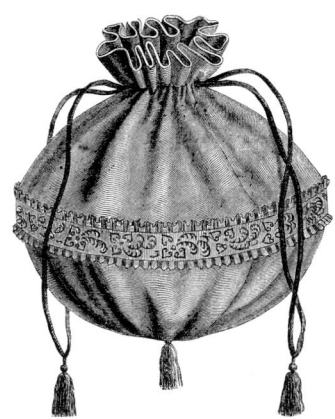

bags and purses • Taschen und Geldbörsen • sacche e borse • sacs et porte-monnaie
bolsos y monederos • malas e bolsas • バッグと財布 • 包和钱包

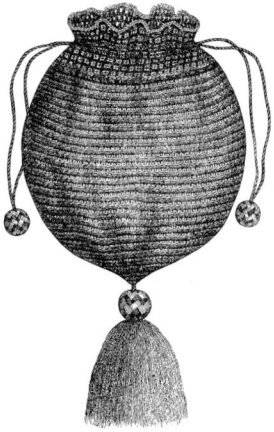

bags and purses • Taschen und Geldbörsen • sacche e borse • sacs et porte-monnaie
bolsos y monederos • malas e bolsas • バッグと財布 • 包和钱包

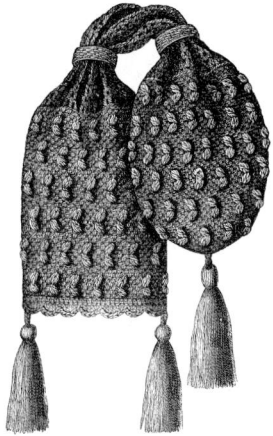

bags and purses • Taschen und Geldbörsen • sacche e borse • sacs et porte-monnaie
bolsos y monederos • malas e bolsas • バッグと財布 • 包和钱包

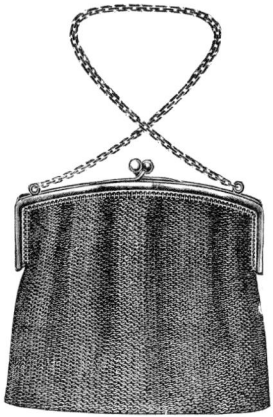

bags and purses • Taschen und Geldbörsen • sacche e borse • sacs et porte-monnaie
bolsos y monederos • malas e bolsas • バッグと財布 • 包和钱包

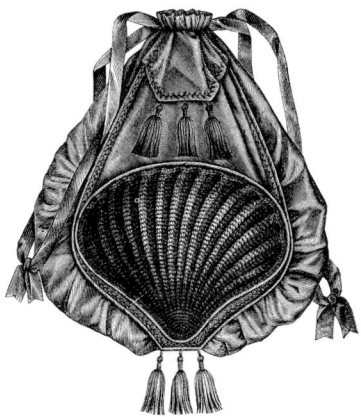

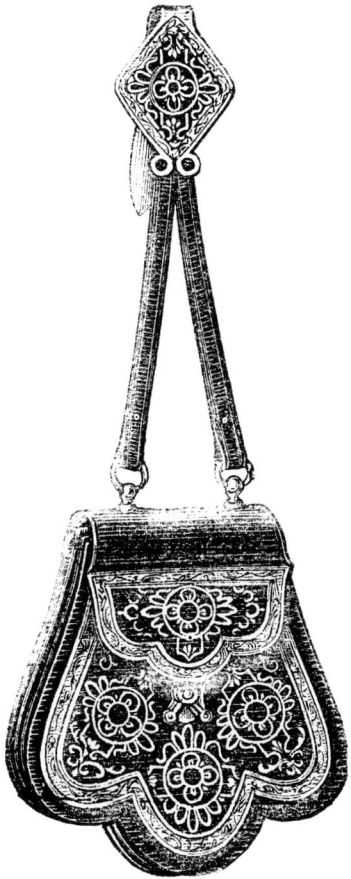

bags and purses • Taschen und Geldbörsen • sacche e borse • sacs et porte-monnaie
bolsos y monederos • malas e bolsas • バッグと財布 • 包和钱包

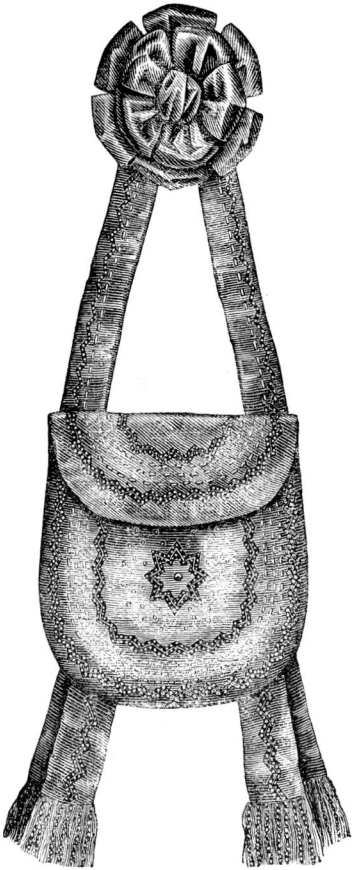

bags and purses • Taschen und Geldbörsen • sacche e borse • sacs et porte-monnaie
bolsos y monederos • malas e bolsas • バッグと財布 • 包和钱包

bags and purses • Taschen und Geldbörsen • sacche e borse • sacs et porte-monnaie
bolsos y monederos • malas e bolsas • バッグと財布 • 包和钱包

bags and purses • Taschen und Geldbörsen • sacche e borse • sacs et porte-monnaie
bolsos y monederos • malas e bolsas • バッグと財布 • 包和钱包

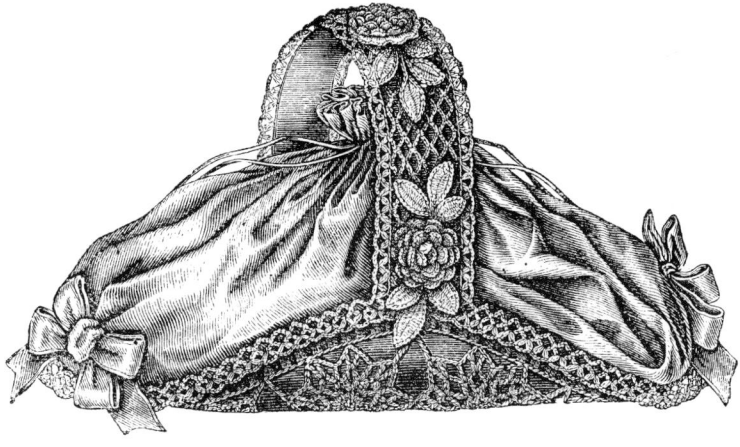

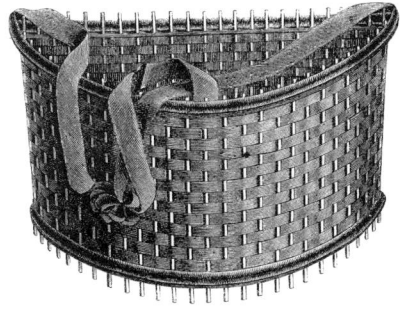

bags and purses • Taschen und Geldbörsen • sacche e borse • sacs et porte-monnaie
bolsos y monederos • malas e bolsas • バッグと財布 • 包和钱包

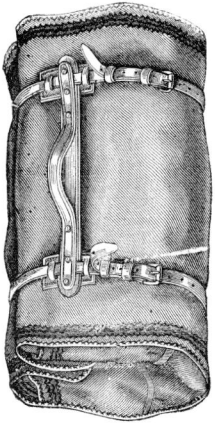

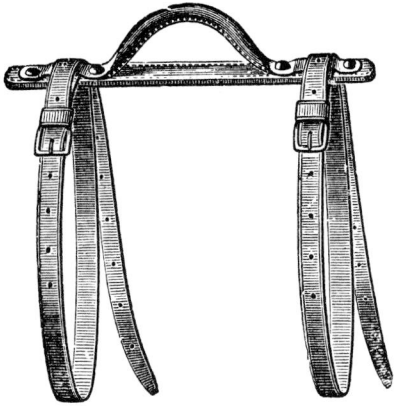

bags and purses • Taschen und Geldbörsen • sacche e borse • sacs et porte-monnaie
bolsos y monederos • malas e bolsas • バッグと財布 • 包和钱包

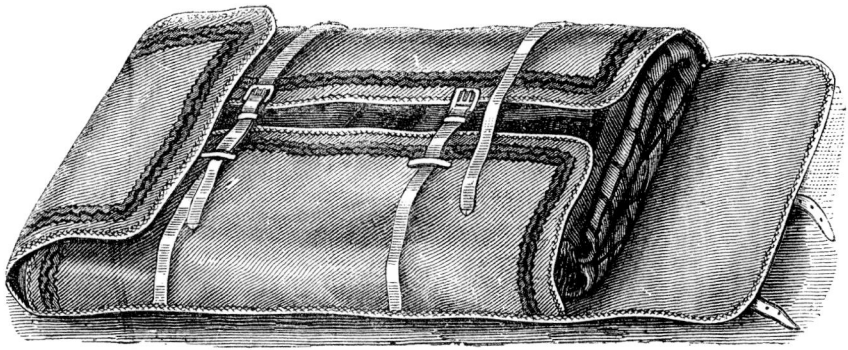

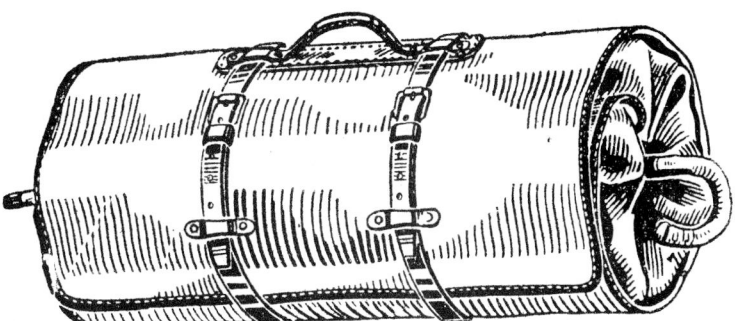

bags and purses • Taschen und Geldbörsen • sacche e borse • sacs et porte-monnaie
bolsos y monederos • malas e bolsas • バッグと財布 • 包和钱包

bags and purses • Taschen und Geldbörsen • sacche e borse • sacs et porte-monnaie
bolsos y monederos • malas e bolsas • バッグと財布 • 包和钱包

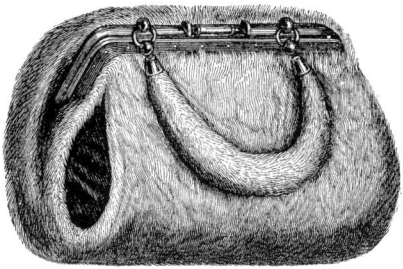

bags and purses • Taschen und Geldbörsen • sacche e borse • sacs et porte-monnaie
bolsos y monederos • malas e bolsas • バッグと財布 • 包和钱包

muffs and gloves • Muffe und Handschuhe • muffole e guanti • manchons et gants
manguitos y guantes • regalos e luvas • マフと手袋 • 手笼和手套

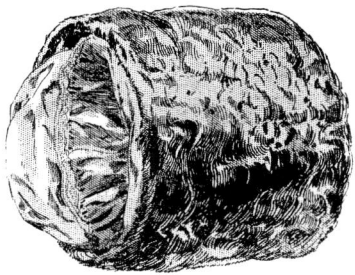

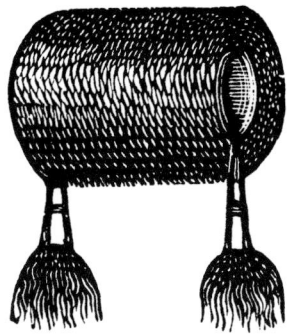

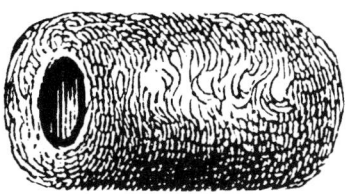

muffs and gloves • Muffe und Handschuhe • muffole e guanti • manchons et gants
manguitos y guantes • regalos e luvas • マフと手袋 • 手笼和手套

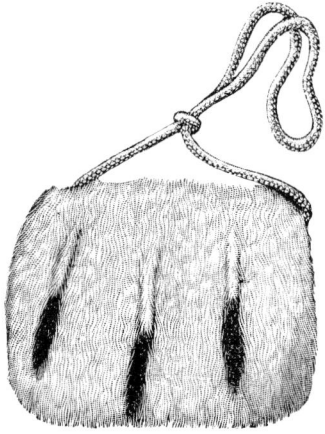

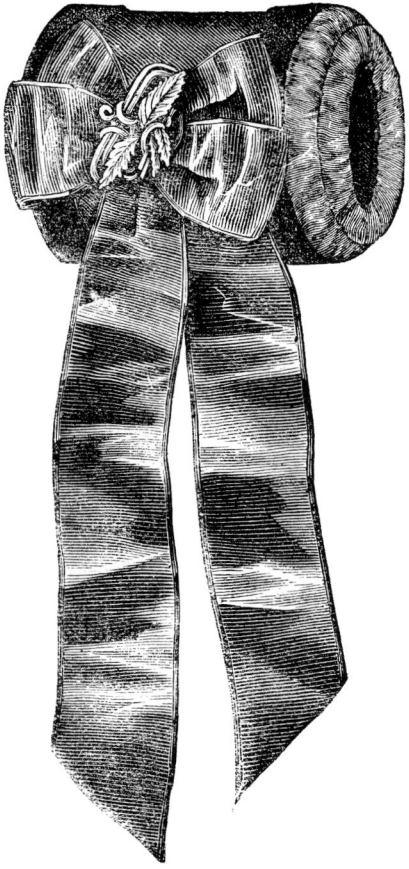

muffs and gloves • Muffe und Handschuhe • muffole e guanti • manchons et gants
manguitos y guantes • regalos e luvas • マフと手袋 • 手笼和手套

muffs and gloves • Muffe und Handschuhe • muffole e guanti • manchons et gants
manguitos y guantes • regalos e luvas • マフと手袋 • 手笼和手套

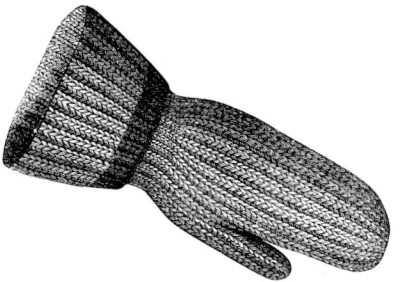

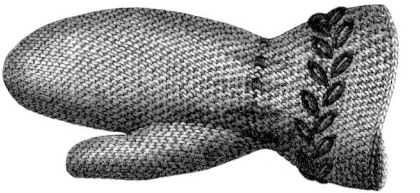

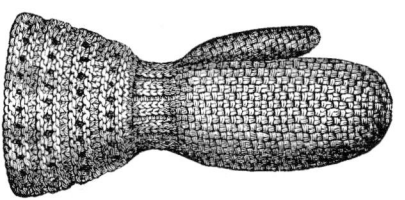

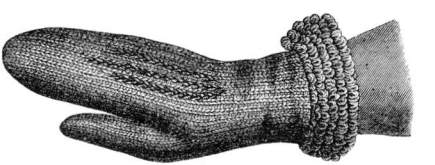

muffs and gloves • Muffe und Handschuhe • muffole e guanti • manchons et gants
manguitos y guantes • regalos e luvas • マフと手袋 • 手笼和手套

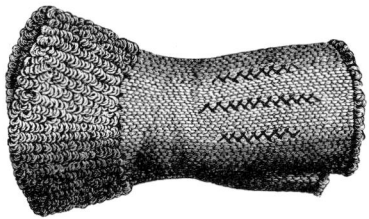

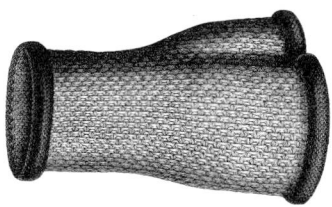

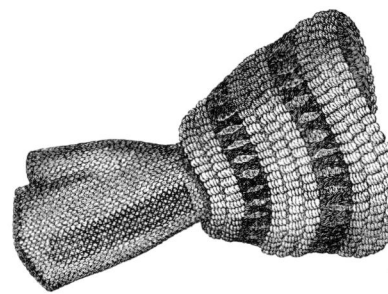

muffs and gloves • Muffe und Handschuhe • muffole e guanti • manchons et gants
manguitos y guantes • regalos e luvas • マフと手袋 • 手笼和手套

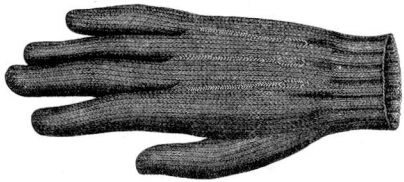

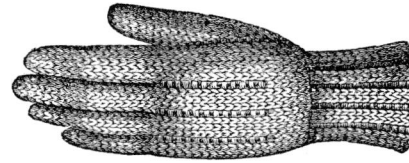

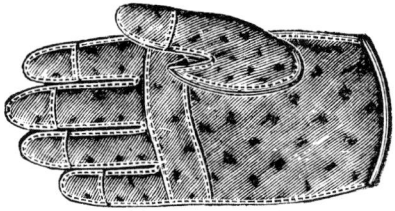

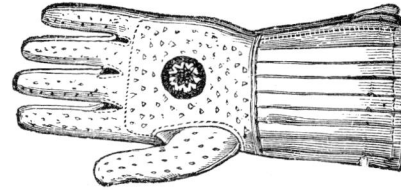

muffs and gloves • Muffe und Handschuhe • muffole e guanti • manchons et gants
manguitos y guantes • regalos e luvas • マフと手袋 • 手笼和手套

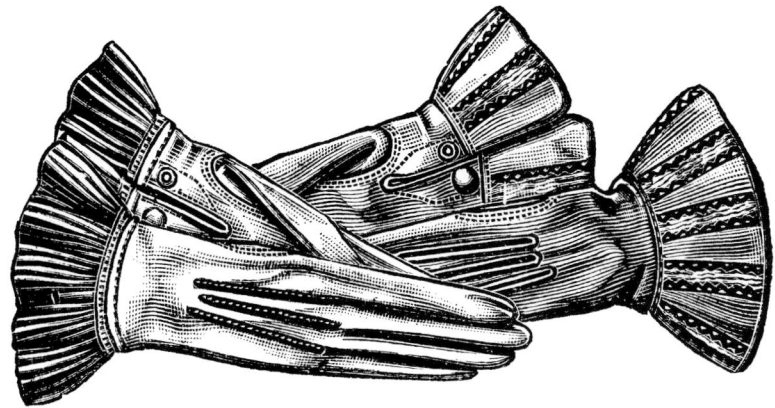

muffs and gloves • Muffe und Handschuhe • muffole e guanti • manchons et gants
manguitos y guantes • regalos e luvas • マフと手袋 • 手笼和手套

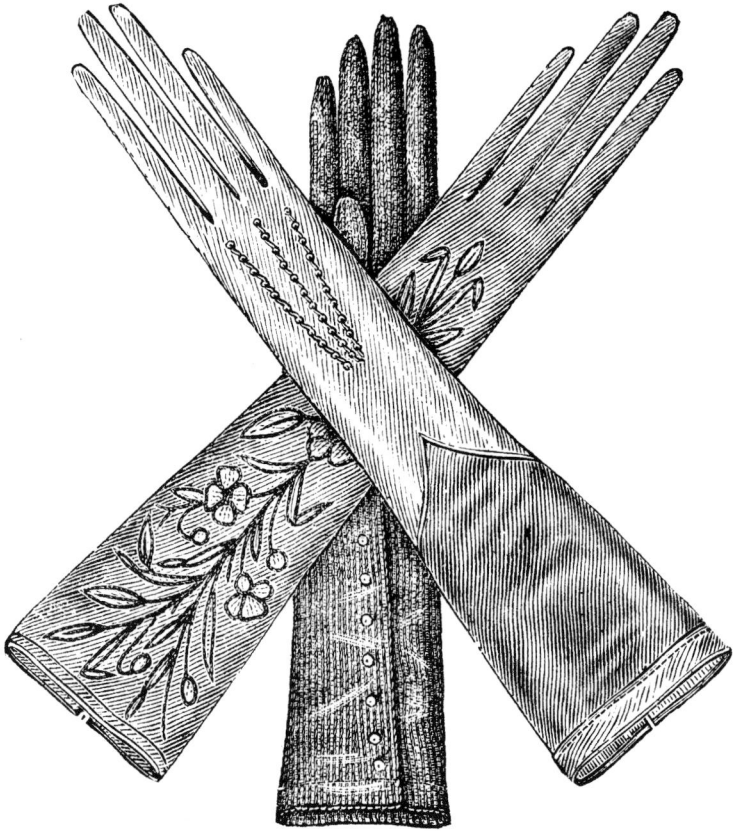

muffs and gloves • Muffe und Handschuhe • muffole e guanti • manchons et gants
manguitos y guantes • regalos e luvas • マフと手袋 • 手笼和手套

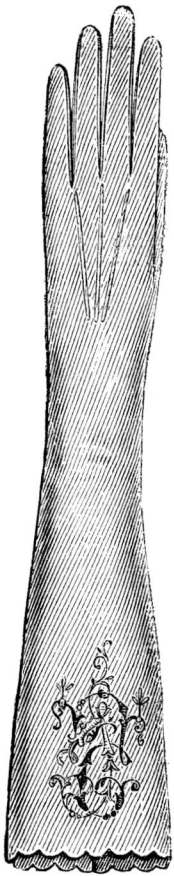

muffs and gloves • Muffe und Handschuhe • muffole e guanti • manchons et gants
manguitos y guantes • regalos e luvas • マフと手袋 • 手笼和手套

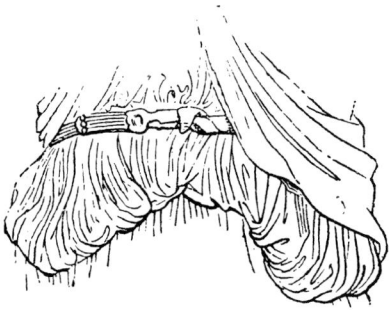

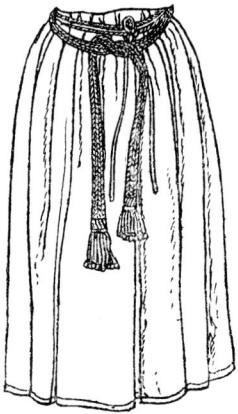

waistbands, belts and buckles • Taillenbänder, Gürtel und Schnallen • polsini, cinture e fibbie • ceintures et boucles de ceinture
pretinas, cinturones y hebillas • faixas, cintos e fivelas • ウエストバンド、ベルト、バックル • 腰带、皮带和搭扣

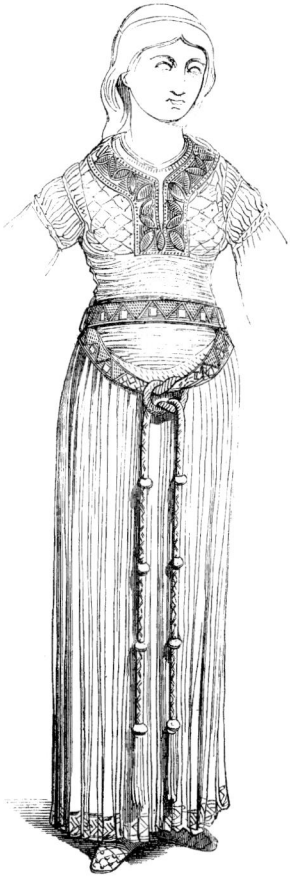

waistbands, belts and buckles • Taillenbänder, Gürtel und Schnallen • polsini, cinture e fibbie • ceintures et boucles de ceinture
pretinas, cinturones y hebillas • faixas, cintos e fivelas • ウエストバンド、ベルト、バックル • 腰带、皮带和搭扣

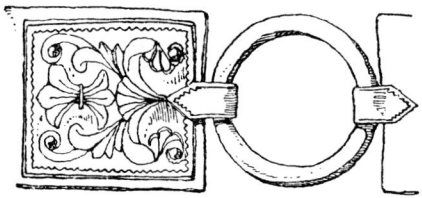

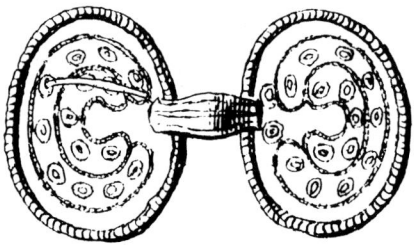

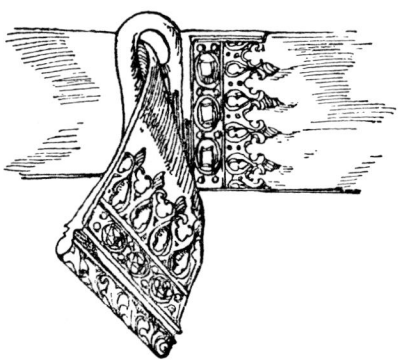

waistbands, belts and buckles • Taillenbänder, Gürtel und Schnallen • polsini, cinture e fibbie • ceintures et boucles de ceinture
pretinas, cinturones y hebillas • faixas, cintos e fivelas • ウエストバンド、ベルト、バックル • 腰带、皮带和搭扣

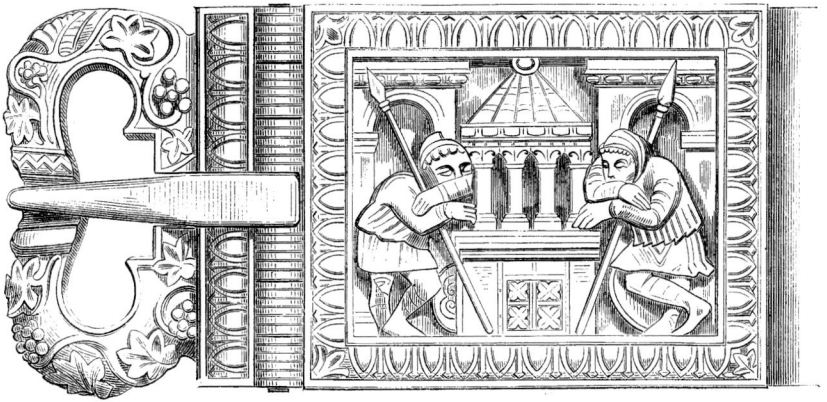

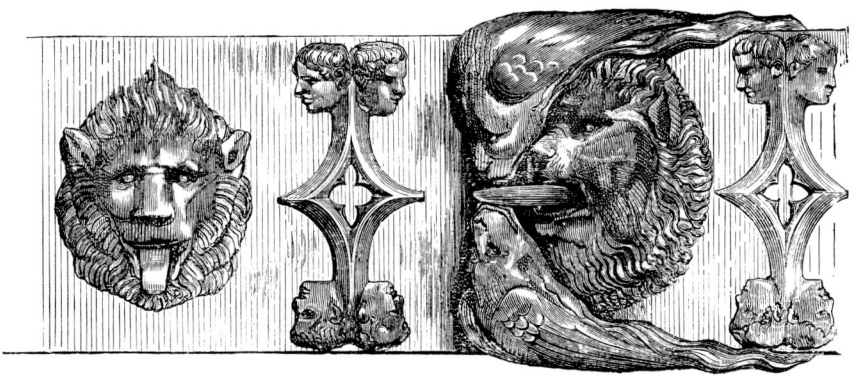

waistbands, belts and buckles • Taillenbänder, Gürtel und Schnallen • polsini, cinture e fibbie • ceintures et boucles de ceinture
pretinas, cinturones y hebillas • faixas, cintos e fivelas • ウエストバンド、ベルト、バックル • 腰带、皮带和搭扣

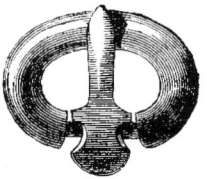

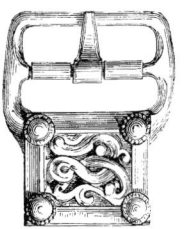

waistbands, belts and buckles • Taillenbänder, Gürtel und Schnallen • polsini, cinture e fibbie • ceintures et boucles de ceinture
pretinas, cinturones y hebillas • faixas, cintos e fivelas • ウエストバンド、ベルト、バックル • 腰带、皮带和搭扣

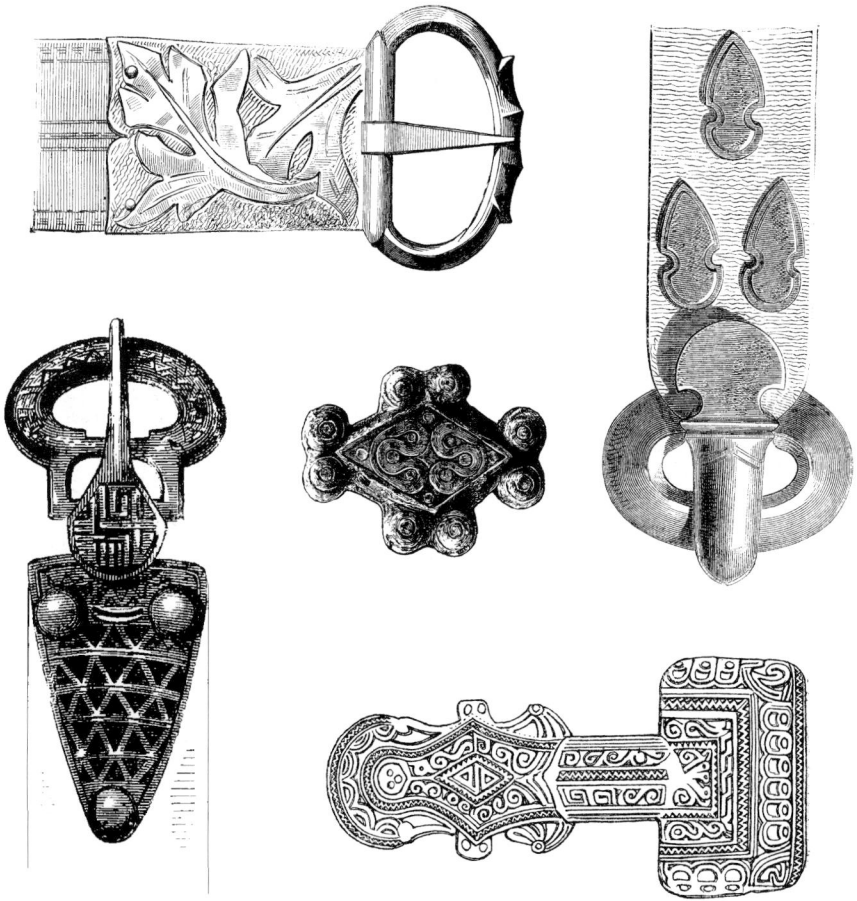

waistbands, belts and buckles • Taillenbänder, Gürtel und Schnallen • polsini, cinture e fibbie • ceintures et boucles de ceinture
pretinas, cinturones y hebillas • faixas, cintos e fivelas • ウエストバンド、ベルト、バックル • 腰带、皮带和搭扣

waistbands, belts and buckles • Taillenbänder, Gürtel und Schnallen • polsini, cinture e fibbie • ceintures et boucles de ceinture
pretinas, cinturones y hebillas • faixas, cintos e fivelas • ウエストバンド、ベルト、バックル • 腰带、皮带和搭扣

waistbands, belts and buckles • Taillenbänder, Gürtel und Schnallen • polsini, cinture e fibbie • ceintures et boucles de ceinture
pretinas, cinturones y hebillas • faixas, cintos e fivelas • ウエストバンド、ベルト、バックル • 腰帯、皮帯和搭扣

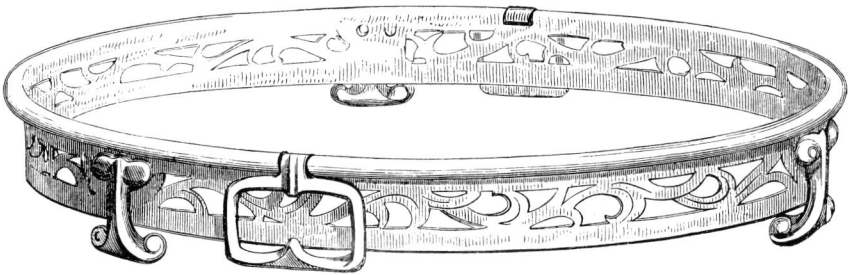

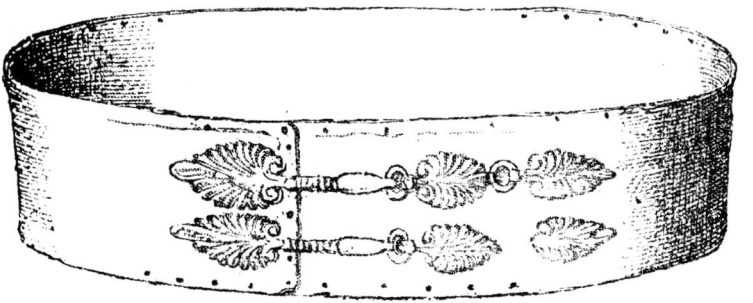

waistbands, belts and buckles • Taillenbänder, Gürtel und Schnallen • polsini, cinture e fibbie • ceintures et boucles de ceinture
pretinas, cinturones y hebillas • faixas, cintos e fivelas • ウエストバンド、ベルト、バックル • 腰带、皮带和搭扣

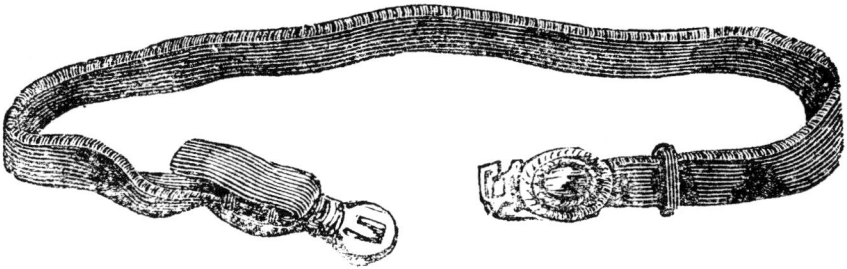

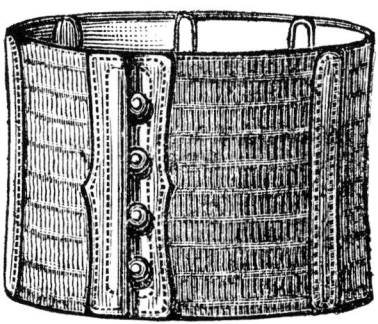

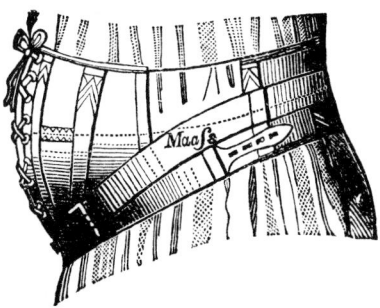

waistbands, belts and buckles • Taillenbänder, Gürtel und Schnallen • polsini, cinture e fibbie • ceintures et boucles de ceinture
pretinas, cinturones y hebillas • faixas, cintos e fivelas • ウエストバンド、ベルト、バックル • 腰带、皮带和搭扣

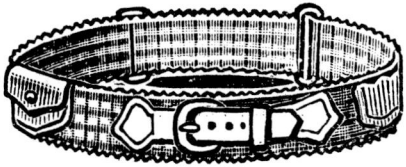

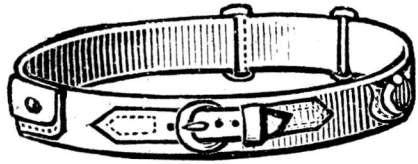

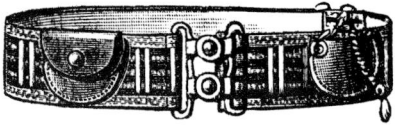

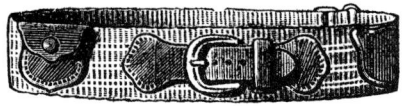

waistbands, belts and buckles • Taillenbänder, Gürtel und Schnallen • polsini, cinture e fibbie • ceintures et boucles de ceinture
pretinas, cinturones y hebillas • faixas, cintos e fivelas • ウエストバンド、ベルト、バックル • 腰带、皮带和搭扣

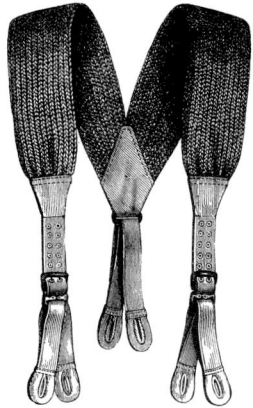

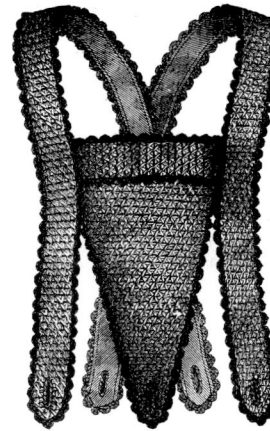

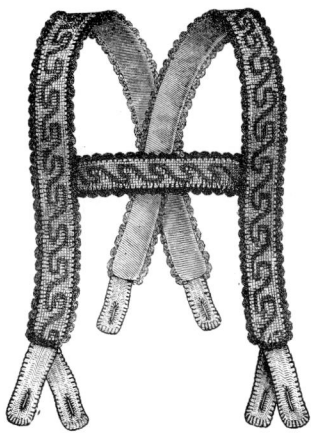

waistbands, belts and buckles • Taillenbänder, Gürtel und Schnallen • polsini, cinture e fibbie • ceintures et boucles de ceinture
pretinas, cinturones y hebillas • faixas, cintos e fivelas • ウエストバンド、ベルト、バックル • 腰带、皮带和搭扣

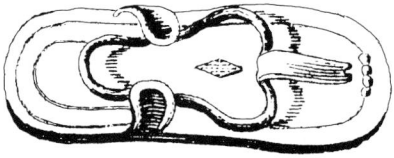

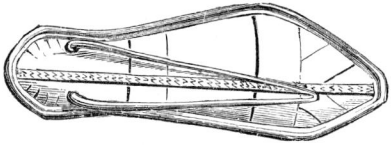

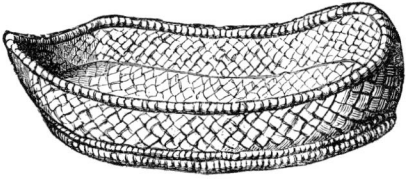

shoes and socks • Schuhe und Socken • scarpe e calze • chaussures et chaussettes • zapatos y calcetines • sapatos e meias • 靴と靴下 • 鞋袜

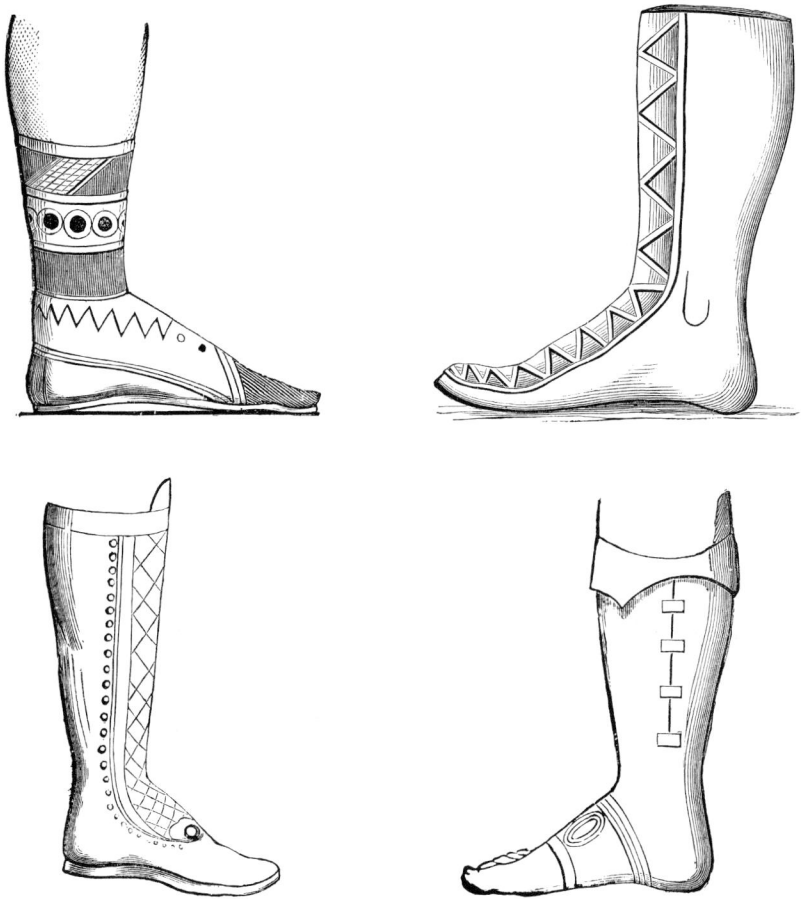

shoes and socks • Schuhe und Socken • scarpe e calze • chaussures et chaussettes • zapatos y calcetines • sapatos e meias • 靴と靴下 • 鞋袜

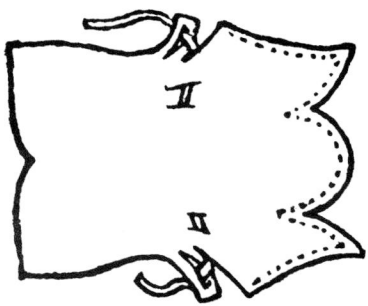

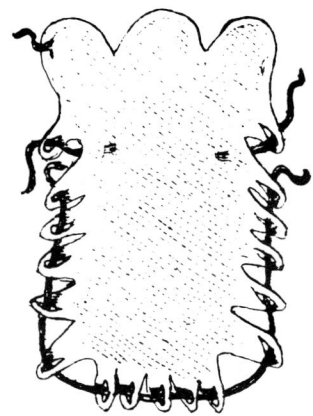

shoes and socks • Schuhe und Socken • scarpe e calze • chaussures et chaussettes • zapatos y calcetines • sapatos e meias • 靴と靴下 • 鞋袜

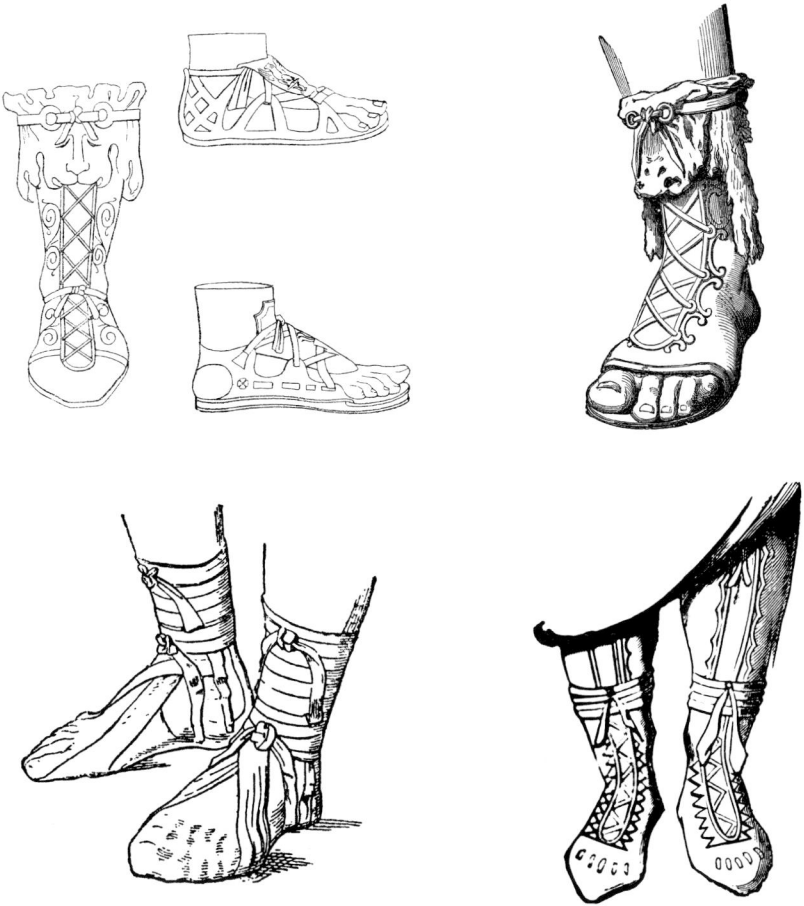

shoes and socks • Schuhe und Socken • scarpe e calze • chaussures et chaussettes • zapatos y calcetines • sapatos e meias • 靴と靴下 • 鞋袜

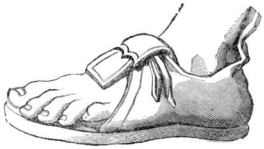

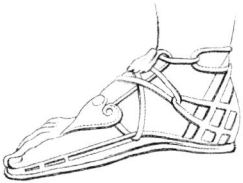

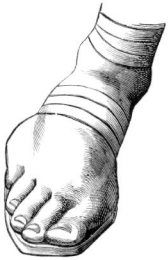

shoes and socks • Schuhe und Socken • scarpe e calze • chaussures et chaussettes • zapatos y calcetines • sapatos e meias • 靴と靴下 • 鞋袜

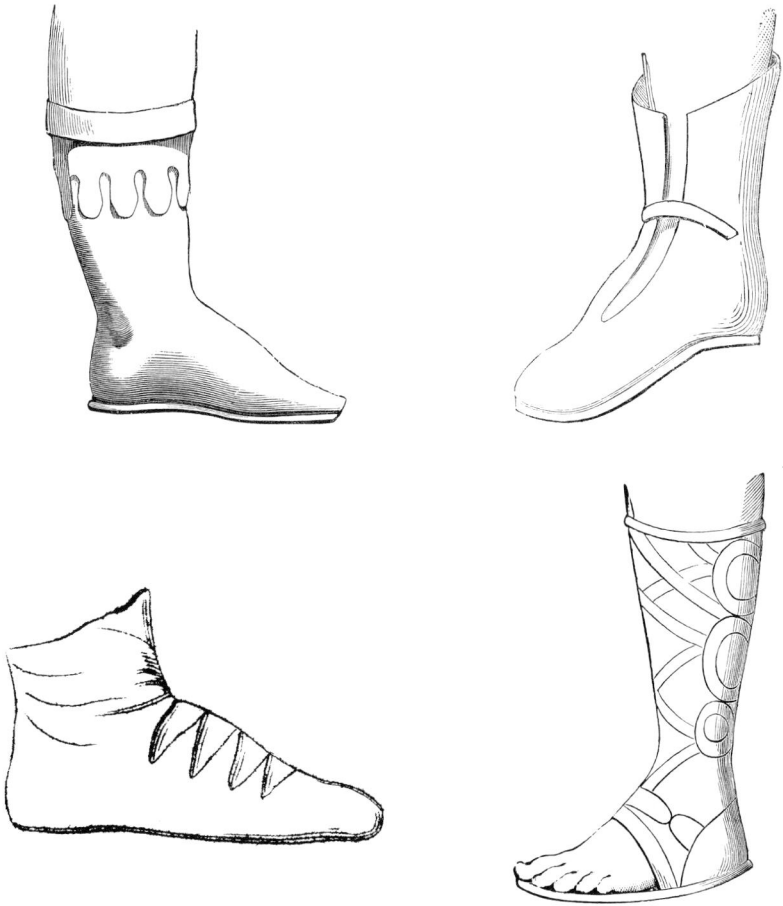

shoes and socks • Schuhe und Socken • scarpe e calze • chaussures et chaussettes • zapatos y calcetines • sapatos e meias • 靴と靴下 • 鞋袜

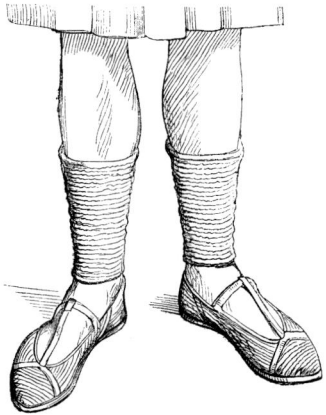

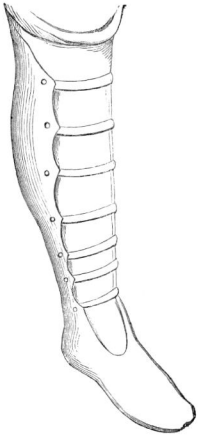

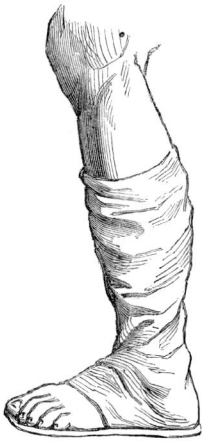

shoes and socks • Schuhe und Socken • scarpe e calze • chaussures et chaussettes • zapatos y calcetines • sapatos e meias • 靴と靴下 • 鞋袜

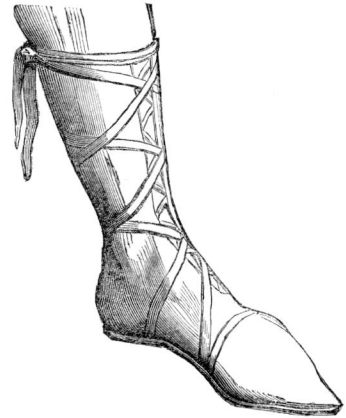

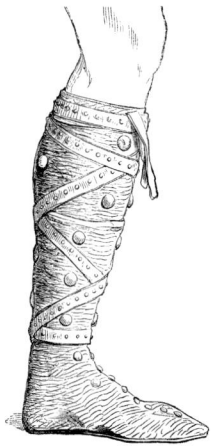

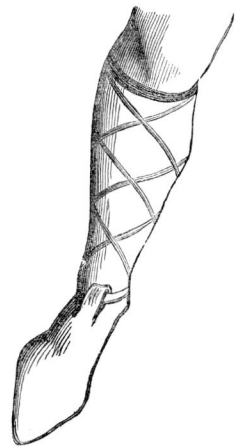

shoes and socks • Schuhe und Socken • scarpe e calze • chaussures et chaussettes • zapatos y calcetines • sapatos e meias • 靴と靴下 • 鞋袜

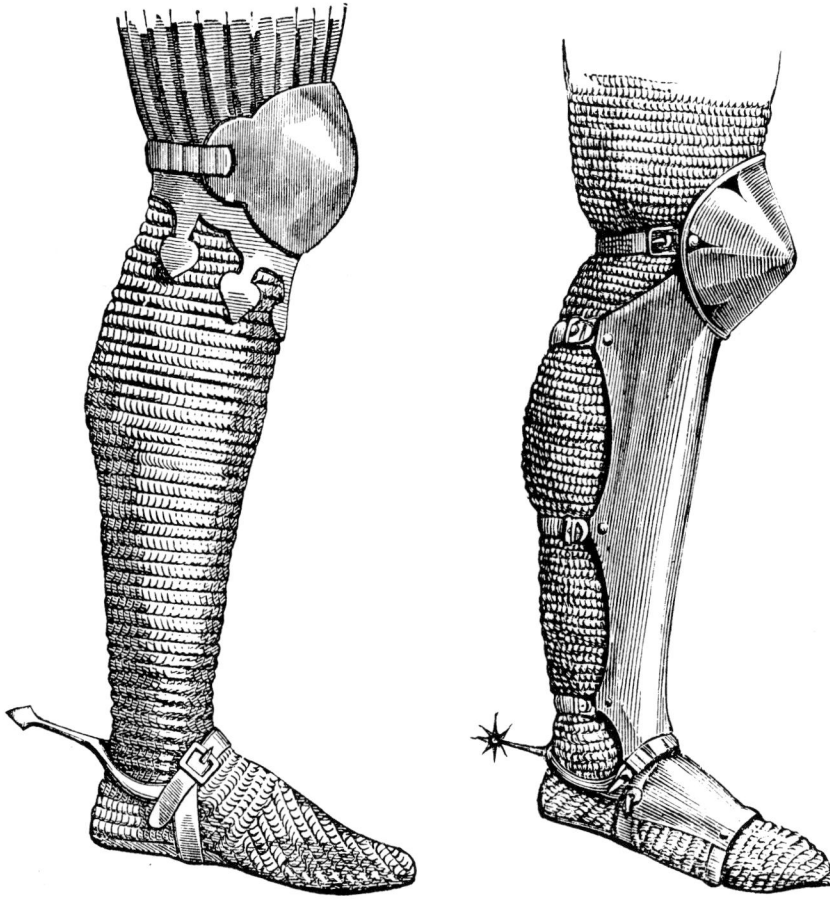

shoes and socks • Schuhe und Socken • scarpe e calze • chaussures et chaussettes • zapatos y calcetines • sapatos e meias • 靴と靴下 • 鞋袜

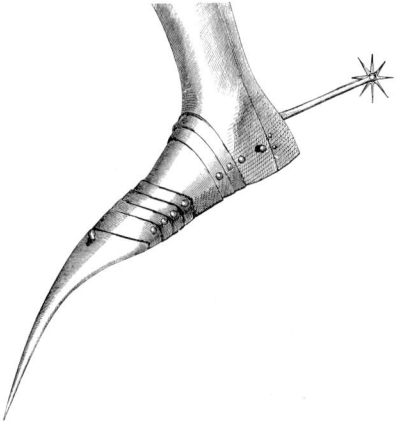

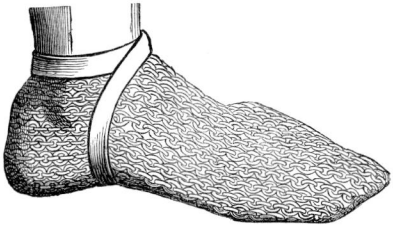

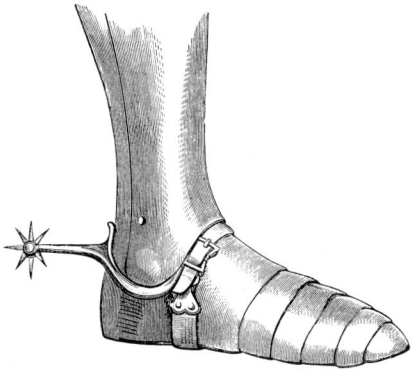

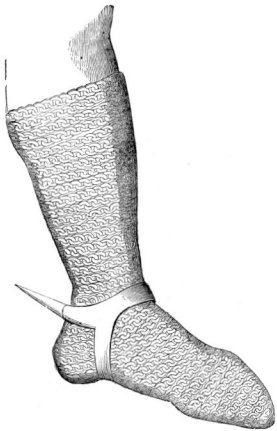

shoes and socks • Schuhe und Socken • scarpe e calze • chaussures et chaussettes • zapatos y calcetines • sapatos e meias • 靴と靴下 • 鞋袜

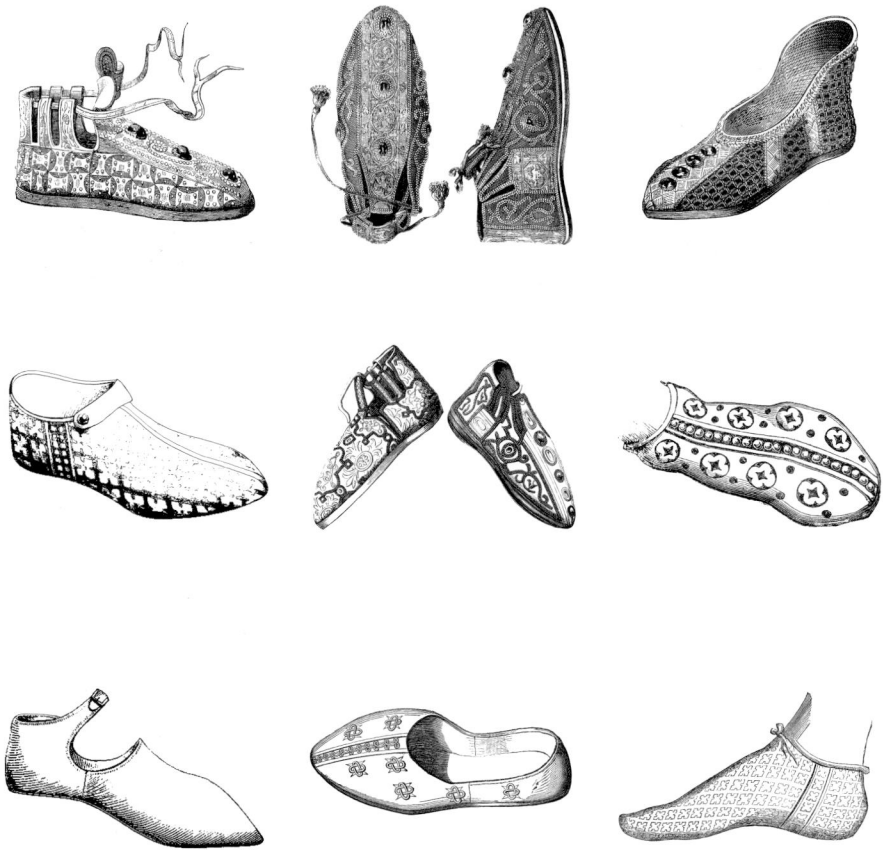

shoes and socks • Schuhe und Socken • scarpe e calze • chaussures et chaussettes • zapatos y calcetines • sapatos e meias • 靴と靴下 • 鞋袜

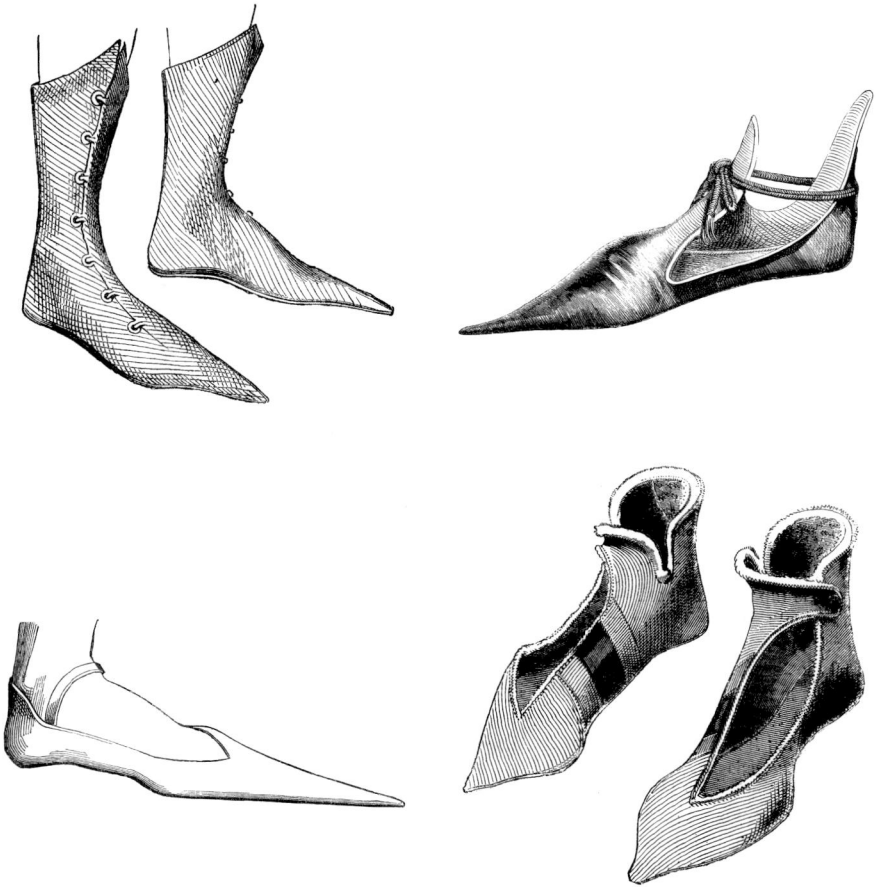

shoes and socks • Schuhe und Socken • scarpe e calze • chaussures et chaussettes • zapatos y calcetines • sapatos e meias • 靴と靴下 • 鞋袜

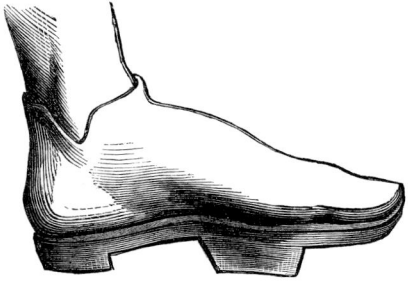

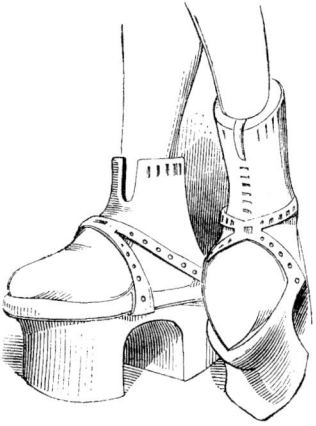

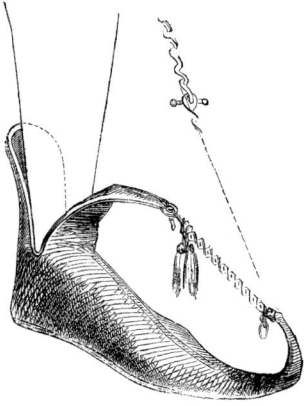

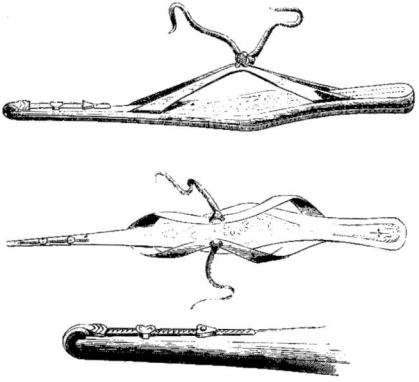

shoes and socks • Schuhe und Socken • scarpe e calze • chaussures et chaussettes • zapatos y calcetines • sapatos e meias • 靴と靴下 • 鞋袜

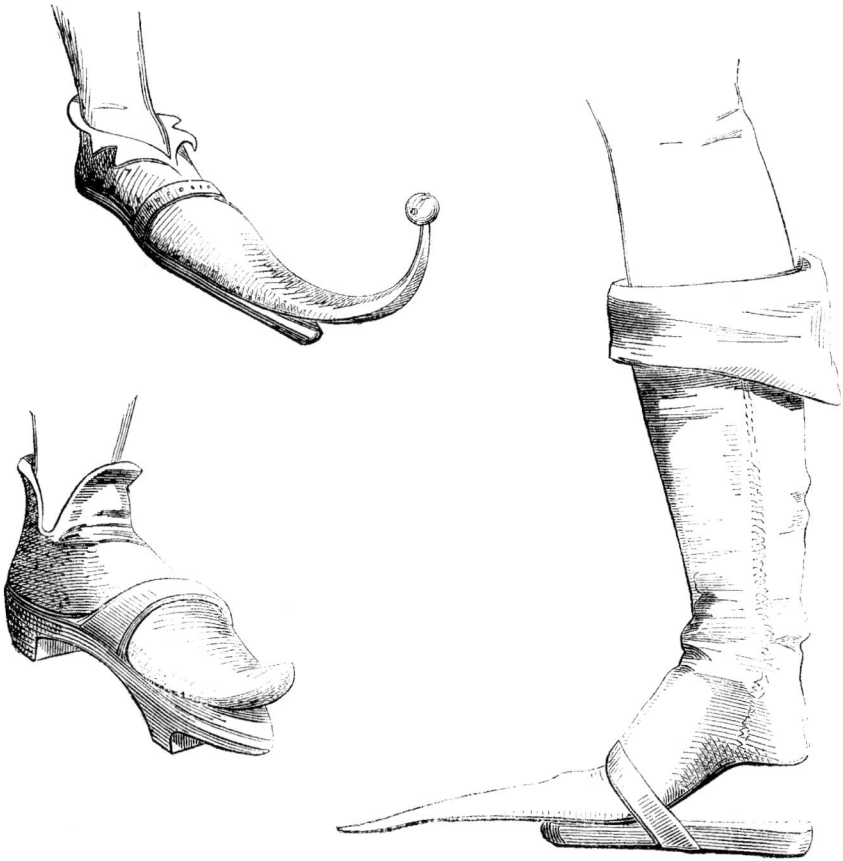

shoes and socks • Schuhe und Socken • scarpe e calze • chaussures et chaussettes • zapatos y calcetines • sapatos e meias • 靴と靴下 • 鞋袜

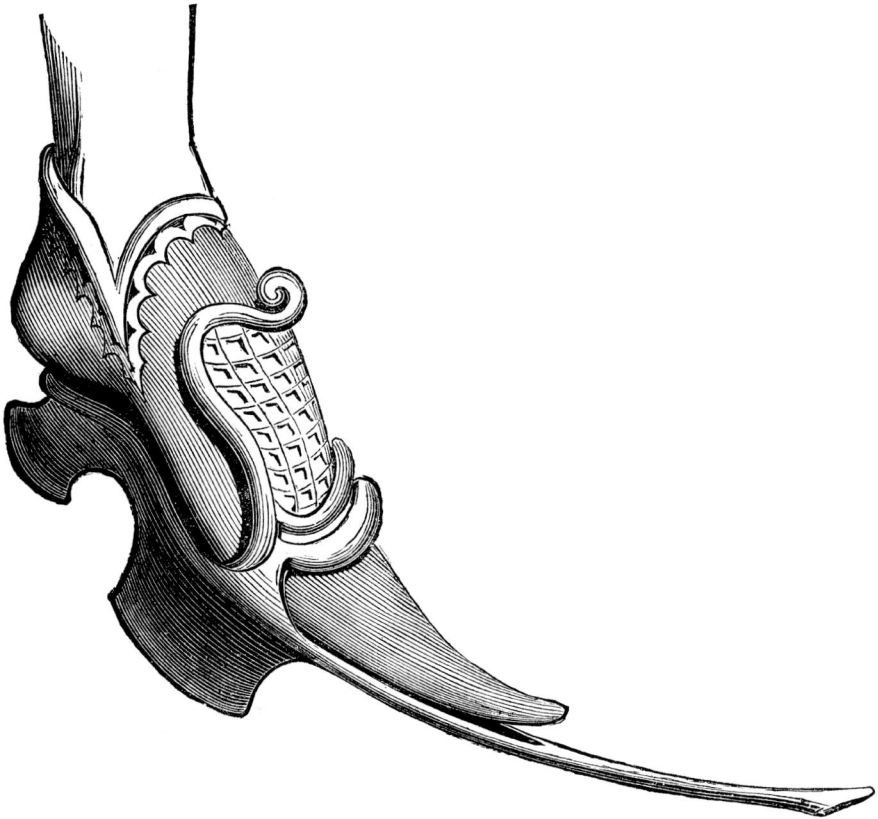

shoes and socks • Schuhe und Socken • scarpe e calze • chaussures et chaussettes • zapatos y calcetines • sapatos e meias • 靴と靴下 • 鞋袜

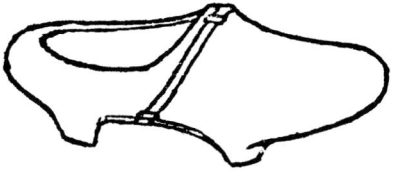

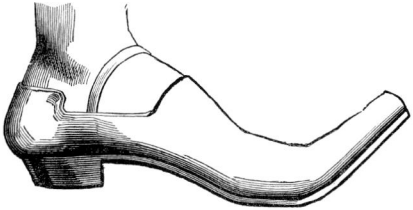

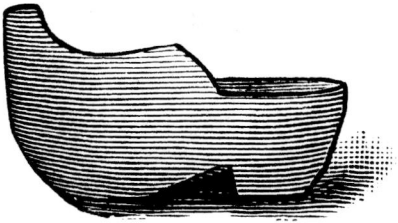

shoes and socks • Schuhe und Socken • scarpe e calze • chaussures et chaussettes • zapatos y calcetines • sapatos e meias • 靴と靴下 • 鞋袜

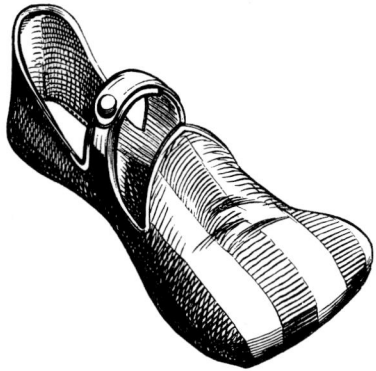

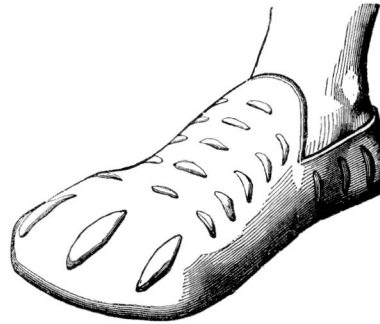

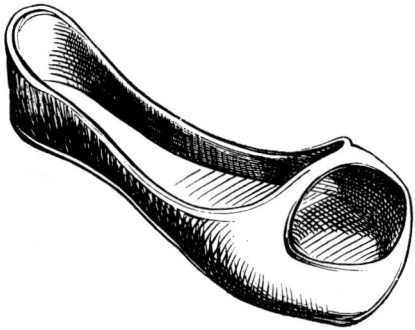

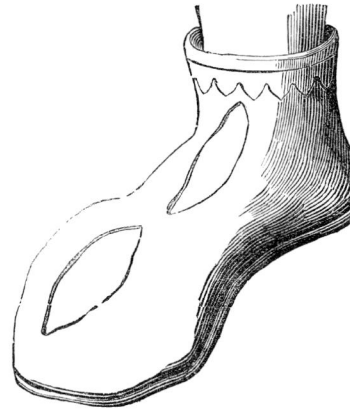

shoes and socks • Schuhe und Socken • scarpe e calze • chaussures et chaussettes • zapatos y calcetines • sapatos e meias • 靴と靴下 • 鞋袜

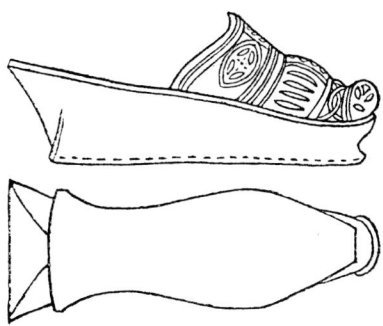

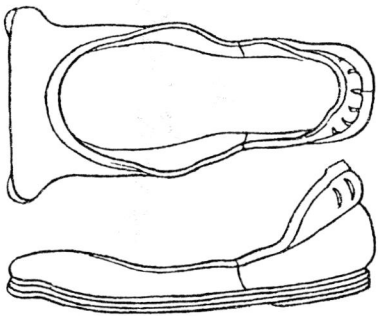

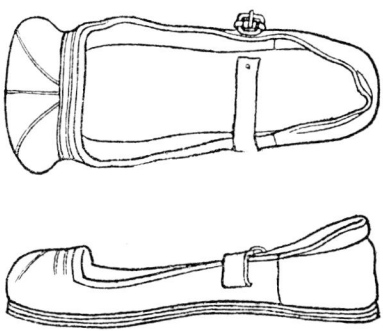

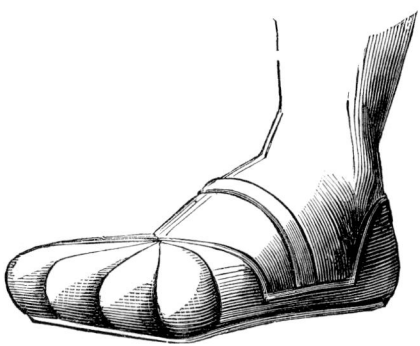

shoes and socks • Schuhe und Socken • scarpe e calze • chaussures et chaussettes • zapatos y calcetines • sapatos e meias • 靴と靴下 • 鞋袜

shoes and socks • Schuhe und Socken • scarpe e calze • chaussures et chaussettes • zapatos y calcetines • sapatos e meias • 靴と靴下 • 鞋袜

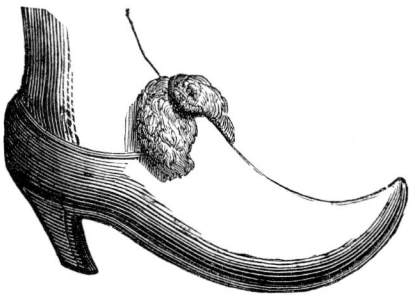

shoes and socks • Schuhe und Socken • scarpe e calze • chaussures et chaussettes • zapatos y calcetines • sapatos e meias • 靴と靴下 • 鞋袜

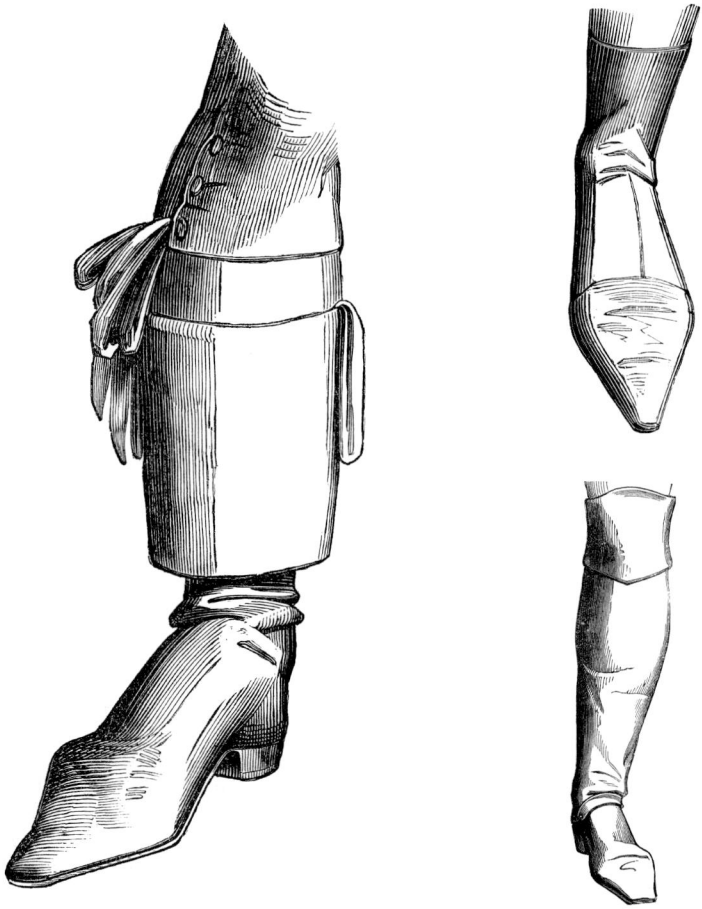

shoes and socks • Schuhe und Socken • scarpe e calze • chaussures et chaussettes • zapatos y calcetines • sapatos e meias • 靴と靴下 • 鞋袜

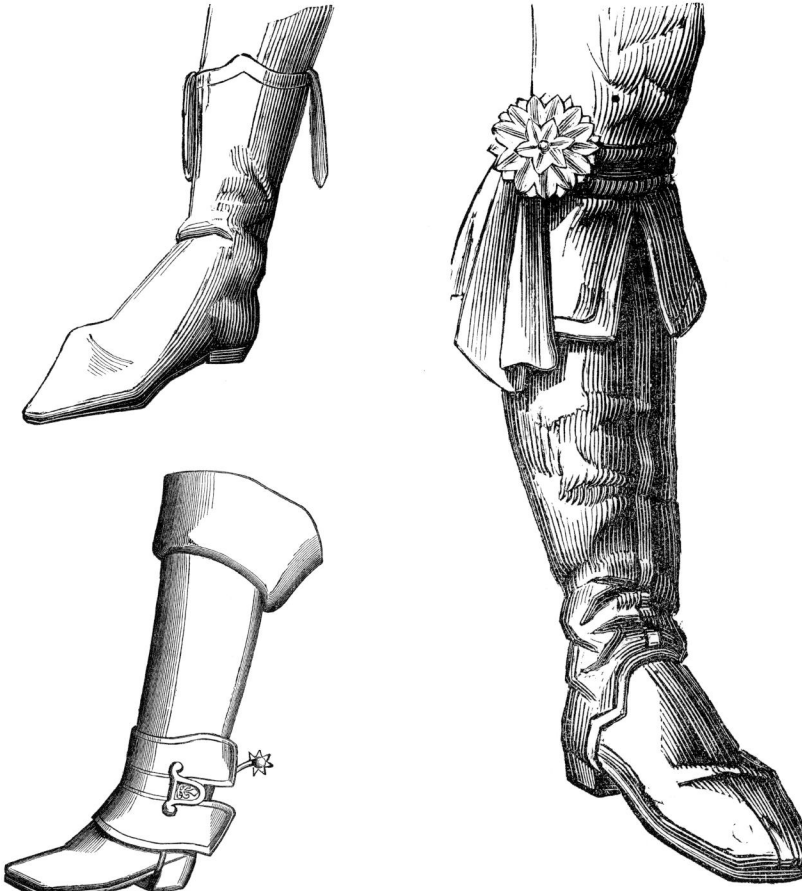

shoes and socks • Schuhe und Socken • scarpe e calze • chaussures et chaussettes • zapatos y calcetines • sapatos e meias • 靴と靴下 • 鞋袜

shoes and socks • Schuhe und Socken • scarpe e calze • chaussures et chaussettes • zapatos y calcetines • sapatos e meias • 靴と靴下 • 鞋袜

shoes and socks • Schuhe und Socken • scarpe e calze • chaussures et chaussettes • zapatos y calcetines • sapatos e meias • 靴と靴下 • 鞋袜

shoes and socks • Schuhe und Socken • scarpe e calze • chaussures et chaussettes • zapatos y calcetines • sapatos e meias • 靴と靴下 • 鞋袜

shoes and socks • Schuhe und Socken • scarpe e calze • chaussures et chaussettes • zapatos y calcetines • sapatos e meias • 靴と靴下 • 鞋袜

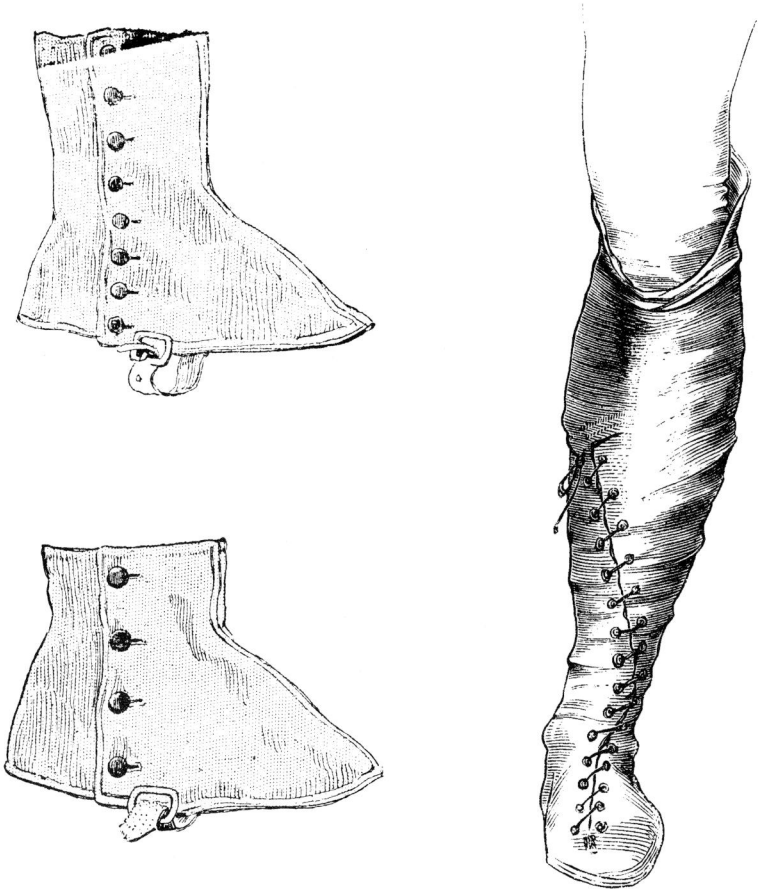

shoes and socks • Schuhe und Socken • scarpe e calze • chaussures et chaussettes • zapatos y calcetines • sapatos e meias • 靴と靴下 • 鞋袜

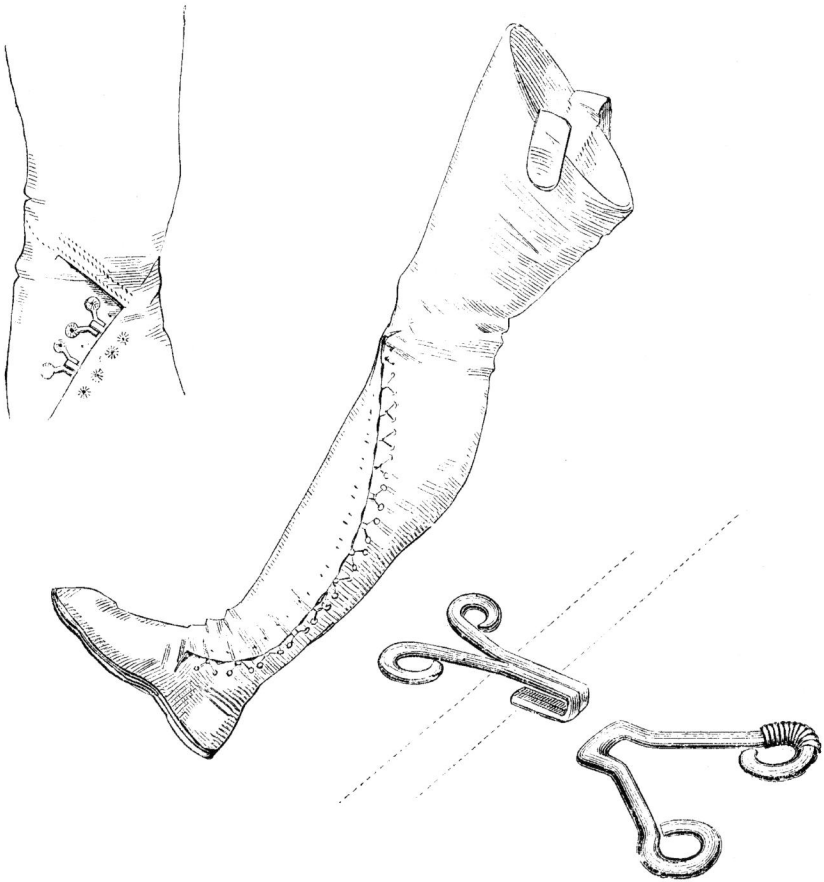

shoes and socks • Schuhe und Socken • scarpe e calze • chaussures et chaussettes • zapatos y calcetines • sapatos e meias • 靴と靴下 • 鞋袜

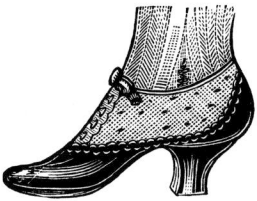

shoes and socks • Schuhe und Socken • scarpe e calze • chaussures et chaussettes • zapatos y calcetines • sapatos e meias • 靴と靴下 • 鞋袜

shoes and socks • Schuhe und Socken • scarpe e calze • chaussures et chaussettes • zapatos y calcetines • sapatos e meias • 靴と靴下 • 鞋袜

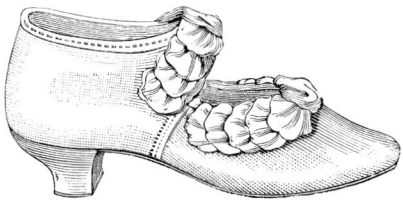

shoes and socks • Schuhe und Socken • scarpe e calze • chaussures et chaussettes • zapatos y calcetines • sapatos e meias • 靴と靴下 • 鞋袜

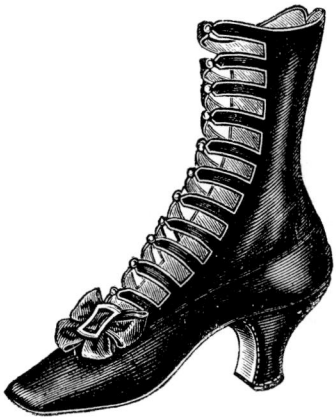

shoes and socks • Schuhe und Socken • scarpe e calze • chaussures et chaussettes • zapatos y calcetines • sapatos e meias • 靴と靴下 • 鞋袜

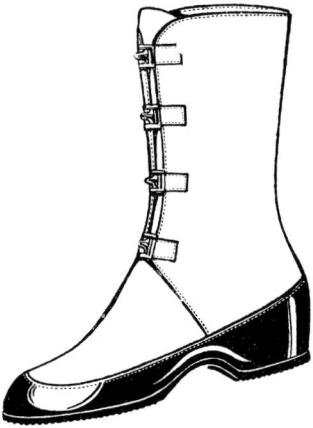

shoes and socks • Schuhe und Socken • scarpe e calze • chaussures et chaussettes • zapatos y calcetines • sapatos e meias • 靴と靴下 • 鞋袜

shoes and socks • Schuhe und Socken • scarpe e calze • chaussures et chaussettes • zapatos y calcetines • sapatos e meias • 靴と靴下 • 鞋袜

shoes and socks • Schuhe und Socken • scarpe e calze • chaussures et chaussettes • zapatos y calcetines • sapatos e meias • 靴と靴下 • 鞋袜

shoes and socks • Schuhe und Socken • scarpe e calze • chaussures et chaussettes • zapatos y calcetines • sapatos e meias • 靴と靴下 • 鞋袜

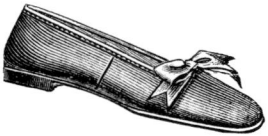

shoes and socks • Schuhe und Socken • scarpe e calze • chaussures et chaussettes • zapatos y calcetines • sapatos e meias • 靴と靴下 • 鞋袜

shoes and socks • Schuhe und Socken • scarpe e calze • chaussures et chaussettes • zapatos y calcetines • sapatos e meias • 靴と靴下 • 鞋袜

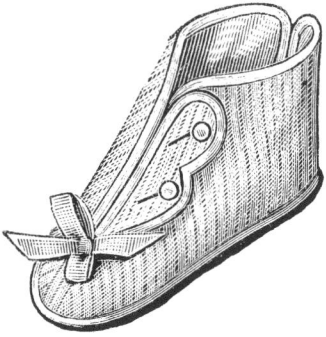

shoes and socks • Schuhe und Socken • scarpe e calze • chaussures et chaussettes • zapatos y calcetines • sapatos e meias • 靴と靴下 • 鞋袜

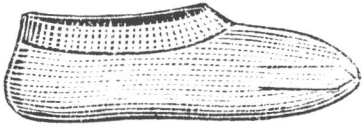

shoes and socks • Schuhe und Socken • scarpe e calze • chaussures et chaussettes • zapatos y calcetines • sapatos e meias • 靴と靴下 • 鞋袜

shoes and socks • Schuhe und Socken • scarpe e calze • chaussures et chaussettes • zapatos y calcetines • sapatos e meias • 靴と靴下 • 鞋袜

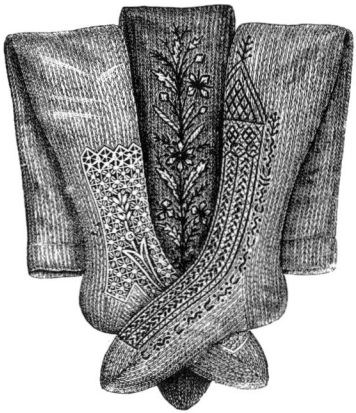

shoes and socks • Schuhe und Socken • scarpe e calze • chaussures et chaussettes • zapatos y calcetines • sapatos e meias • 靴と靴下 • 鞋袜

shoes and socks • Schuhe und Socken • scarpe e calze • chaussures et chaussettes • zapatos y calcetines • sapatos e meias • 靴と靴下 • 鞋袜

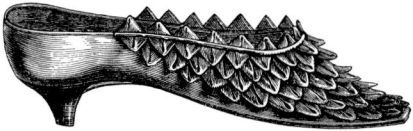

shoes and socks • Schuhe und Socken • scarpe e calze • chaussures et chaussettes • zapatos y calcetines • sapatos e meias • 靴と靴下 • 鞋袜

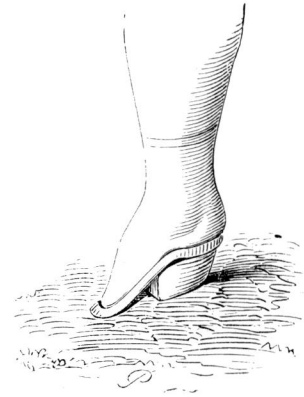

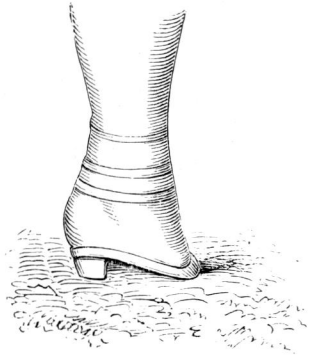

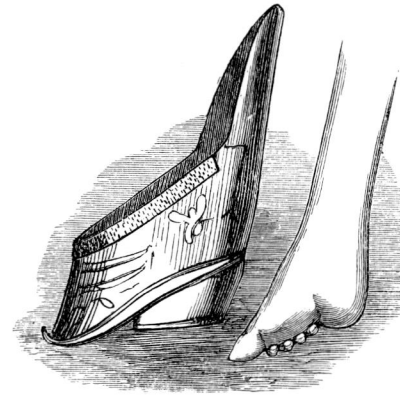

shoes and socks • Schuhe und Socken • scarpe e calze • chaussures et chaussettes • zapatos y calcetines • sapatos e meias • 靴と靴下 • 鞋袜

shoes and socks • Schuhe und Socken • scarpe e calze • chaussures et chaussettes • zapatos y calcetines • sapatos e meias • 靴と靴下 • 鞋袜

shoes and socks • Schuhe und Socken • scarpe e calze • chaussures et chaussettes • zapatos y calcetines • sapatos e meias • 靴と靴下 • 鞋袜

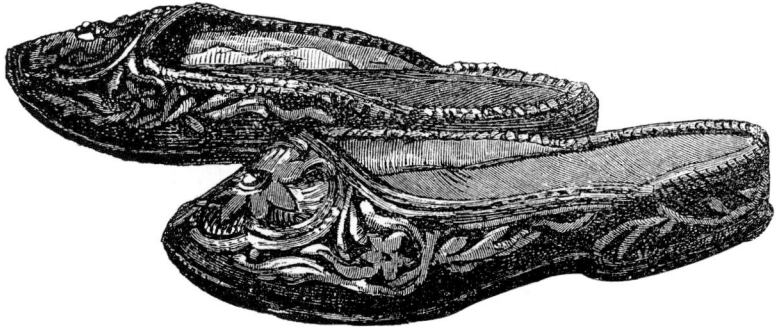

shoes and socks • Schuhe und Socken • scarpe e calze • chaussures et chaussettes • zapatos y calcetines • sapatos e meias • 靴と靴下 • 鞋袜

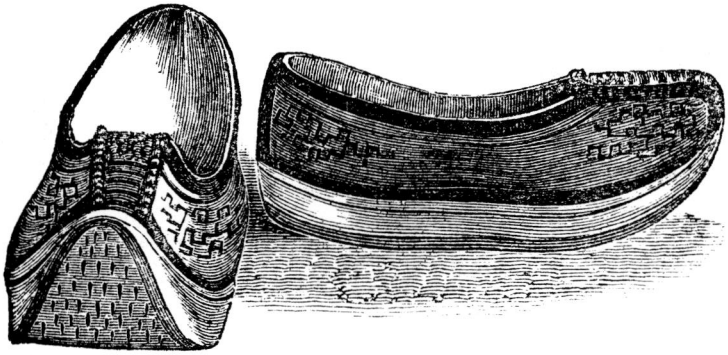

shoes and socks • Schuhe und Socken • scarpe e calze • chaussures et chaussettes • zapatos y calcetines • sapatos e meias • 靴と靴下 • 鞋袜

shoes and socks • Schuhe und Socken • scarpe e calze • chaussures et chaussettes • zapatos y calcetines • sapatos e meias • 靴と靴下 • 鞋袜

shoes and socks • Schuhe und Socken • scarpe e calze • chaussures et chaussettes • zapatos y calcetines • sapatos e meias • 靴と靴下 • 鞋袜

Page	From left to right, top to bottom
12	Ramses II (right) with one of his sons, Ancient Egypt
13	Ancient Egyptian Queens
14	Ancient Egyptian King Uraeus
	Ancient Egyptian crown
	Ancient Egyptian crown with lotus flowers
	Egyptian crown with cobra, Ancient Egypt
15	Ancient Egyptian crowns
16	Ancient Assyrian crowns
17	Ancient Assyrian King Sargon with crown
	Ancient Assyrian crowns
18	Tiara, Ancient Greece
19	Tiaras, Ancient Greece
20	Empress Matidia, Ancient Rome
	King Constantine the Great with crown, Ancient Rome
	Statue on the pulpit in Ravello, Italy, 13th century
21	Roman crown, Ancient Rome
	Tiaras, Ancient Greece
22	Helmets, Ancient Greece
	Helmet, Ancient Rome
23	Helmets, Ancient Rome
24	Helmet, Ancient Rome
	Helmet, Ancient Greece
	Etruscan helmet
	Helmet, Ancient Rome
25	Helmet, Ancient Rome
26	Byzantine empress with crown, 6th century
27	Arechis II, Duke of Benevento, with crown
	King with crown, early 12th century
	Byzantine Emperor Justinian with crown, 6th century AD
	Byzantine empress with crown
28	Crown of King Clovis
	Crown of King Philip V of France, late 13th century
	Crown of the statue of the Madonna, c. 1230
	Crown of King Clovis
29	Princess Beatrice of Bourbon, 14th century
30	King Charles VII of France, 15th century

Page	From left to right, top to bottom
30	Crown, early 15th century
	Crown of a young prince, 13th century
	Queen Marie of Anjou, 15th century
31	Crown of Leon of Lusignan, King of Armenia, 14th century
	Crown, 14th century
	Crown of a statue of Virgin Mary, Nuremberg
32	Royal crown of Hungary, Byzantine-style, 11th century
33	Crown of Grand Prince Vladimir Monomakh, 11th century
34	Crown of Czar Ivan V, 17th century
35	Crown of Czar Michael I of Russia, 17th century
36/37	German crowns
38	King Charles V with six-pointed crown
39	King Solomon, represented on a tapestry, Sens Cathedral
	Early portrait of King Charles V
	Charles of Artois, France, 15th century
	Crown of a French prince, 11th century
40	Mitres, 13th, 14th and early 15th century
41	Mitre, from the statue of Pope Gregory the Great, c. 1240
42/43	Persian Princes, 19th century
44	Shah of Persia, c. 1885
45	Shah of Persia, c. 1880
46	Princess of Bhopal, India, c. 1880
47	Princess of Bhopal, India, c. 1880
48	Li-Hung-Tsjang, Viceroy of Tsjili, China, c. 1900
49	Woman from Kyrgyzstan, c. 1890
50	Japanese farmers, c. 1840
51	Woman and girl from Canton, China, c. 1876
52	Summer and winter caps, China, c. 1840
53	Military and traditional hats, China, c. 1840
54	Inuit woman, 19th century, Canada
55	Japanese ruler, Japan, c. 1891
56	Dayak war bonnet with hornbill head, Borneo, 19th century
	Toraja rattan and brass head gear, Sulawesi, 19th century
	Dayak war bonnet with hornbill feathers, Borneo, 19th century

Page	From left to right, top to bottom
57	Native man from South America, 19th century
58	Timorese man, 19th century
59	Timorese boy, c. 1840
60	Central American Indians, c. 1880
61	North-American Indian, c. 1880
62	Native American from Eastern Canada, c. 1880
63	Native American dance, Central America, c. 1880
64	Pirates from Congo, c. 1860
65	Warua guides, Africa, c. 1877
66	Upper Nubian chiefs, Africa, c. 1880
66/67	Bambara man and woman, Africa, c. 1880
68	Courtier, Benin, Africa, c. 1891
69	Moroccan man, c. 1860
70	Senegalese man, c. 1880
71	Moroccan man, 19th century
72	Nubian boy, c. 1880
73	Egyptian boy, c. 1880
74	Tewfik Pasha, Khedive of Egypt, 19th century
75	Viceroy of Egypt, c. 1840
76	Sultan from Grande Comore, 19th century
77	Man from the Sahara, c. 1880
78	Mohammedan from Yoruba, Nigeria, 19th century
79	Woman from Biskra, Africa, 19th century
80	Bantu woman, South Africa, c. 1891
81	Ethiopian woman, 19th century
82	African women, 19th century
83	Princess of Grande Comore, 19th century
84	Algerian women, c. 1840
85	Unveiled woman and veiled man, Sahara Tuareg, Africa, c. 1891
86	Persian woman, c. 1885
87	Persian girl, c. 1885
88/89	Women from Kyrgyzstan, c. 1880
90	Women from the Tatare tribe, c. 1868
91	Arabian woman, c. 1870
	Woman from the Caucasus, c. 1865

Page	From left to right, top to bottom
91	Woman from the Tatare tribe, c. 1860
92	Arabian men, 19th century
93	Egyptian girl, c. 1880
	Peloponnesian woman, Greece, 19th century
	Egyptian gypsy, c. 1880
	Egyptian woman, c. 1880
94	Montenegrin woman with veil, c. 1876
95	Montenegrin woman, 19th century
96	Armenian girl, c. 1876
97	Armenian mother and child, c. 1876
98	Persian noblewoman, c. 1840
99	Girl from Beluchistan, Persia, c. 1860
100	Lebanese princess with court ladies, 19th century
101	Bride from Kyrgyzstan, c. 1880
102	Woman with veil, Ancient Rome
103	Jérôme Savonarole, 15th century
104	Crown worn over a wimple and veil, early 14th century
	Nun with cap, 14th century
	Calotte with veil, early 15th century
	Woman's hood, 13th century
105	Woman's hood, c. 1510
106	Hennin with lace veil, c. 1450
107	Hennin with lace veil, late 15th century
	Headdress for noblewoman, England, c. 1420
	Headdress with templars and veil, early 15th century
	Hennin with lace veil, late 15th century
108	French woman with bonnet, 18th century
109	French woman with bonnet, 18th century
110/111	Women with lace headdresses, c. 1880
112	Cashmere summer hood, c. 1865
	Crocheted and knitted hood for young girls, c. 1865
	Winter hat, c. 1865
	Hood, c. 1865
113	Hat with mantilla, back, c. 1985
	Hat with mantilla, front, c. 1985
	Bridal veils, c. 1880

Page	From left to right, top to bottom
114	Cloche with veil, c. 1925
	Mousseline headdress with large shawl, c. 1925
115	Cloche with lace veil and scarf, c. 1925
	Cloche with veil and scarf, c. 1925
	Mantilla, c. 1925
	Embroidered headband, c. 1925
116	Bridal veil, c. 1920
117	Fly veil, United Kingdom, 1920s,
	Mosquito head guards, United Kingdom, 1920s
118	Manilla straw hat, c. 1912
	Tyrolean hat, c. 1912
	Tyrolean hat, c. 1912
	Top hats, late 19th century
	Caps, c. 1900
119	Safari cap, c. 1900
	Frivole, c. 1912
	Jean-Bart, c. 1912
	Straw hat, c. 1912
	Straw hat, c. 1912
	Boy's boater, c. 1912
	Bowlers, c. 1912
120	Comb, Malaysia, c. 1912
	Comb in shape of a horse and man, Bronze Age
	Comb with lotus flowers, Ancient Egypt
	Ivory and gilded comb, representing the Annunciation, 14th century
121	Ivory comb with two lions, 14th century
122	Comb, 16th century
	Hairpins, France, 1920s
	Hairpins, France, 1920s
	Comb, United Kingdom, 1920s
123	Lady with hairpin in shape of a bird, c. 1880
124	Hairpins in shape of flowers, France, c. 1900
	Hairpins with silver balls, France, c. 1900
	Hairpin in shape of a butterfly, France, c. 1900
	Hairpin in shape of a bird, France, c. 1900

Page	From left to right, top to bottom
125	Silk hair bow, United Kingdom, c. 1874
	Hairpin with feathers and leaves, France, c. 1900
	Hairpin with roses, France, c. 1900
	Hairpin with berries and leaves, France, c. 1900
126	Hair ornaments with flowers and leaves, United Kingdom, c. 1880
127	Hair ornaments with berries, ribbons and leaves, France, c. 1900
128	Hair ornaments with flowers and leaves, France, c. 1900
	Hairpin with ribbons and a bird, France, c. 1900
129	Hair pin with ribbons and leaves, France, c. 1900
	Tiaras with flowers and leaves, France, c. 1900
	Hairpin with ribbons, leaves and a butterfly, France, c. 1900
130	Comb with hairpiece and two plaits, France, 19th century
	Hairpin with curls, France, 19th century
	Frame support with two buns, France, 19th century
131	Hair coil, France, 19th century
	Three ponytails, France, 19th century
	Pin curls, France, 1930s
132	Ribbon with ringlets, France, 19th century
	Hairpin with curls, France, 19th century
	Hairpiece with curls, France, 19th century
133	Hairpiece for fine hair, United Kingdom, 1930s
	Comb with plait, United Kingdom, 1930s
	Hairpiece with curls, France, 19th century
134	Comb with curls, Germany, 1920s
	Pin curls, France, 1930s
	Ribbon with curls, France, 19th century
135	Slides and combs, France, 1920s
136	Chinese spectacles with weighted cords, c. 1840
137	Eye patch, United Kingdom, 1930s
	Pince-nez, United Kingdom, 19th century
	Collapsible reading glass, United Kingdom, 19th century
	Three Eskimo masks, Alaska, 19th Century
138	Woman with nose ring, Madras, India, c. 1880

Page	From left to right, top to bottom
139	Hindu woman from Bengal, 19th century
	Nose jewels, India, c. 1860
140	Nose piercing, Santa Cruz, c. 1880
	Nose piercings of the Aborigines, Marquesas Islands, c. 1880
	Mura Indian with teeth ornaments through the lips, South America, c. 1880
141	Indian from Brazil, c. 1840
142	Woman from the Zambezi, Zambia, Africa, c. 1880
	Botocudos with wooden plug in lip, Brazil, c. 1840
143	Indian with piercing in lip and ear, South America, c. 1838
	Woman of Ubûdjwa with piercing in lip, Africa, c. 1891
	Man with wooden plug in his lip, 19th century
144	Man with earpieces, Tanzania, Africa, c. 1891
	Native American with earring, North America, c. 1880
	Mutawara man with ear decoration, Zambezi, c. 1870
	Woman of the Island of Tanna, New Hebrides, c. 1880
145	Earrings, Patagonia, South America, c. 1912
	Ear of an Inca Manco-Capac, South America, 19th century
	Original earring of the Aborigines, Marquesas Islands, c. 1880
	Etruscan earrings
146	Abyssinian girl with earring, c. 1880
147	Earring, Nias Island, c. 1912
	Earring, Tunisia, 19th century
	Earring, Germany, 12th century
	Earring, Tunisia, 19th century
148	Earring, Ancient Egypt
	Earring, Pompeii, Ancient Rome
	Eardrops, c. 1901
	Earring, Ancient Rome
	Earring with three silver balls, 19th century
	Earring, Ancient Greece
	Eardrops, c. 1901
	Earring, Ancient Rome
	Eardrops, c. 1901

Page	From left to right, top to bottom
149	Girl with earrings, Baroda, India, c. 1880
150	Earring in shape of a lion, Ancient Egypt
	Earring with lotus flower, Ancient Egypt
	Earring in shape of an eagle, Ancient Egypt
	Earring, Ancient Egypt
	Earring, Ancient Egypt
	Etruscan earring
	Earring, Old Franconia
	Etruscan earring
	Etruscan earring
151	Earring, 16th century
	Etruscan earrings
	Etruscan earrings
	Earring, Ancient Egypt
152	Carved jade and white gold earrings, United Kingdom, 1930s
	Etruscan earring
	Wedgwood earring, United Kingdom, 18th century
	Etruscan earring
153	Gem-set earrings, United Kingdom, 1930s
154	Man with feather necklace, Colombia, c. 1885
155	Necklace with beads, India
	Necklace with beads, Stone Age
	Necklace with beads, India
156	Byzantine ornaments
	Pendant, Ancient Egypt
	Etruscan pendants
157	Necklace with beads, India
	Byzantine necklace with ornaments
158	Necklace, Ancient Greece
	Byzantine necklace
159	Turkish golden necklace, bracelet and earrings
160	Turkish golden pendant with diamonds
	Golden necklace and bracelet 8th–10th century
	Hand of Fatima, c. 1888
161	Arabian amulets, c. 1901

Page	From left to right, top to bottom
162	Woman with amulet, Somalia, Africa, 19th century
163	Woman with amulet, Somalia, Africa, 19th century
164	Tibetan amulet, 19th century
165	Decoration of a Roucouyenne Indian, c. 1888
	Golden necklace, 11th century
166	Man from Papua New Guinea with twined neck wreath, c. 1912
167	Indian fakir wearing a large circlet of iron around his neck, India, c. 1880
168	Pendant, Ancient Greece
169	Pendants and a piece of a necklace, Ancient Greece
170	Amulets, Ancient Rome
	Pendant, Ancient Egypt
	Fragment of a necklace, Ancient Egypt
171	Necklace, Ancient Egypt
172	Etruscan necklace, Ancient Rome
	Pendant with three golden flies, Ancient Egypt
	Necklace, Ancient Rome
173	Golden pendant, Ancient Greece
	Etruscan golden pendant
	Etruscan collier
174	French gem-studded pendant, c. 1430
175	Egyptian necklace, Ancient Egypt
	Necklace, Ancient Greece
	Necklace with pearls, Renaissance period
	Necklace, 13th century
	Etruscan necklace
176	French cross, 17th century
	Italian pendant with angel, 16th century
	French pendant with cross, 16th century
	French cross, 16th century
177	European cross, 19th century
	French pendant with pearls, 19th century
	French golden pendant with pearls, 16th century
178	Pendant, Renaissance period
	Pendant used as a box for smelling salts, Renaissance

Page	From left to right, top to bottom
178	Pendants, Renaissance period
179	Pendants, 19th century
180	Chatelaines, 18th and 19th century
	Pendant, Baroque period
	Pendant, 19th century
	Pendant, Baroque period
181	Pendant in shape of an anchor, 19th century
	Pendant, 19th century
182	French pendant with pearls, 16th century
	Pendant, Renaissance period
	Golden pendant, Renaissance period
183	Necklace, Renaissance period
	French pendant with pearls, 16th century
184	Golden pendant with pearls and lamb, 16th century
	Golden pendant with pearls and eagle, 16th century
185	Florentine pendant, Italy, 19th century
	Pendant with diamonds, 19th century
186	Italian necklace with pearls, 19th century
187	Pendant with pearls, c. 1545
	Pendant, c. 1600
	Pendant, 16th century
	Pendant with pearls, 16th century
188	Collier with diamonds
189	Pendant from India
	Pendant, Ancient Byzantine
	Pendant, 19th century
	Cross of flowers, France, 17th century
190	Three pendants, c. 1869
	Carved jade and white gold pendant, United Kingdom, 1930s
191	Bodice decoration with pearls, c. 1869
192	A variety of pendants, United Kingdom, 1920s
193	Diamond pendants, United Kingdom, 1920s
194	Queen Elizabeth I of England with large lace collar
195	Lace collars, 15th century
196	Jacobe, Germany, c. 1590

Page	From left to right, top to bottom
196	17th century collar
	17th century collar
	Magdalena, Germany, c. 1590
197	Queen Elizabeth I of England with large lace collar
198	Stand-up collar, United Kingdom, c. 1874
	Linen collar, United Kingdom, c. 1874
	Embroidered linen collar, United Kingdom, c. 1874
	Linen collar edged with lace, United Kingdom, c. 1874
	Muslin and lace chemisette (back), United Kingdom, c. 1874
	Boy's collar, United Kingdom, c. 1874
	Linen collar, United Kingdom, c. 1874
	Lace fichu (back), United Kingdom, c. 1874
	Cambric frill, United Kingdom, c. 1874
199	Lace collars, United Kingdom, c. 1874
200	Fichu of poult-de-soie and lace, United Kingdom, c. 1874
	Grosgrain silk fichu, United Kingdom, c. 1874
	Silk fichu (front), United Kingdom, c. 1874
	Beaded silk fichu, United Kingdom, c. 1874
	Cravat with lace ruffles and embroidered ends, United Kingdom, c. 1874
	Crêpe lisse ruffle, United Kingdom, c. 1874
	Crêpe lisse ruffle with beads, United Kingdom, c. 1874
	Black tulle fichu, United Kingdom, c. 1874
	Ruffle of white tulle and silk, United Kingdom, c. 1874
201	Embroidered cravat, United Kingdom, c. 1874
	Scarf, United Kingdom, c. 1880
	Crêpe de chine cravat, United Kingdom, c. 1874
	Scarf, United Kingdom, c. 1880
	Fur scarf, United Kingdom, c. 1880
	Scarf, United Kingdom, c. 1880
	Cravat of crêpe de chine and lace, United Kingdom, c. 1874
	Scarf, United Kingdom, c. 1880
	Scarf, United Kingdom, c. 1880
202	Bow tie, United Kingdom, c. 1900

Page	From left to right, top to bottom
202	Bow tie, United Kingdom, c. 1900
	Scarf with ring, United Kingdom, c. 1900
	Bow tie, United Kingdom, c. 1900
	Bow tie, United Kingdom, c. 1900
	Scarf with buckle, United Kingdom, c. 1900
203	Scarf with ring, United Kingdom, c. 1900
	Scarf, United Kingdom, c. 1900
	Collar with scarf, United Kingdom, c. 1900
	Bow ties, United Kingdom, c. 1880
204	Boy's chemisette, United Kingdom, c. 1912
	Striped chemisette, United Kingdom, c. 1874
	Striped chemisette, United Kingdom, c. 1874
	Boy's chemisette, United Kingdom, c. 1912
205	Collars, c. 1912
206	Bow ties, c. 1912
207	Three ties, c. 1912
	Collar protector, c. 1912
208	Plastrons, c. 1912
209	Tie, c. 1920
	Tie, c. 1912
	Tie, c. 1912
	Gentleman's silk cravat, United Kingdom, c. 1874
	Plastron, c. 1880
	Plastron, c. 1880
	Ties, c. 1912
210	Italian fringed shawl, c. 1926
	Scarf of Granada lace, c. 1926
211	Art Deco scarves, printed crêpe de Chine, c. 1926
212	Fibulae, Ancient Egypt
213	Fibulae, Ancient Greece
214	Etruscan Fibula
	Fibula, 3rd century
	Fibula, Bronze Age
	Etruscan Fibula
215	Fibula, 3rd century
	Fibula, Bronze Age

Page	From left to right, top to bottom
215	Fibulae, Ancient Greece
216	Fibula, Ancient Greece
	Fibula, 5th century
	Fibula, Ancient Greece
	Fibulae, 3rd century
217	South European fibulae, 3rd century
218	Fibula, Pompeii, Ancient Rome
219	Fibula, Ancient Greece
	Fibula, Ancient Greece
	Etruscan golden fibula
	Italian fibula
	Fibula, Ancient Greece
220	Sliding rings on coat, c. 1360
	Sliding ring, c. 1360
	Brooches, 14th century
221	Coat buckle
	Buckle, c. 1250
	Decorated buttons
	Gem-studded clasp, 13th century
222	Detail, decorated clasp, early 15th century
	Brooch, 15th century
	Brooch, 15th century
	Woman's buckle, c. 1130
223	Man's coat clasp, c. 1430
224	Woman's coat clasp, c. 1430
225	Decorated clasp, early 15th century
226	Knot and ring for closing a cape, 15th century
227	Rope and hole for closing a cape, c. 1430
228	Mediaeval brooch
	Brooch with diamonds and pearls, 17th century
	Brooch with diamonds and pearls, 18th century
	Brooch with pearls, 19th century
229	Brooch with diamonds in shape of a dragonfly
	Brooch in shape of a butterfly, c. 1869
	Brooch in shape of a flower, c. 1869
	Brooch with diamonds in shape of a bird

Page	From left to right, top to bottom
	Brooch in shape of a butterfly, c. 1869
	Carved jade and white gold brooch, United Kingdom, 1930s
	Brooch, c. 1869
	Diamond star brooch, United Kingdom, 1930s
	Diamond spray brooch, United Kingdom, 1930s
230	A variety of brooches with different animals, United Kingdom, 1920s
231	Bar brooch with cat, United Kingdom, 1930s
	Diamond bar brooch, United Kingdom, 1930s
	Diamond bar brooch with crown, United Kingdom, 1920s
	Diamond bar brooches, United Kingdom, 1920s
232	Fibula, 8th century
233	Fibula, 8th century
234	Bracelet, Ancient Egypt
	Etruscan bracelet
	Bracelets, Ancient Egypt
235	Bronze bracelet, Ancient Rome
	Bracelet, Bronze Age
	Etruscan bracelet
	Bracelet, Bronze Age
236	Bracelet, Bronze Age
237	Bracelets in shape of a snake, Ancient Greece and Ancient Rome
238	Bracelet, Bronze Age
	Bronze bracelet, Ancient Rome
	Arm bracelet, 3rd century
	Etruscan bracelet
239	Bracelet, 2nd century
	Bracelet, Ancient Greece
	Bracelet, Ancient Rome
	Bracelet, Ancient Greece
240	Bracelets, 2nd century
241	Etruscan bracelet
	Etruscan bracelet
	Etruscan bracelet

Page	From left to right, top to bottom
241	Bracelet, 5th century
242	Bracelet, Gaul, 16th century
	Bracelet, 16th century
	Bracelet, 19th century
	Bracelet, 16th century
243	Bracelets, 19th century
244	Bracelet found in Gräbern, Austria, 3rd – 6th century
	Bracelet made of brass, India, c. 1860
	Etruscan bracelet
	Etruscan bracelet
245	Chief of the Nuer tribe with arm bracelets, Africa, c. 1880
246	Bracelet, Ancient Rome
	Bracelet, India
	Bracelet, Nias Island, c. 1912
	Wooden bracelet, in shape of an animal, Java, 19th century
247	Bracelets, India
248	Muslin and lace sleeves, United Kingdom, c. 1874
249	Cuffs, United Kingdom, c. 1874
250	Boy's cuff, United Kingdom, c. 1874
	Cuff, United Kingdom, c. 1920
	Cuff, United Kingdom, c. 1920
	Cuff, United Kingdom, c. 1920
	Cuff, United Kingdom, c. 1920
	Cuff, United Kingdom, c. 1920
	Morning cuff, United Kingdom, c. 1874
	Cuff, United Kingdom, c. 1920
	Striped cuff, United Kingdom, c. 1874
251	Cuff, United Kingdom, c. 1874
	Cuff, United Kingdom, c. 1920
	Cuff, United Kingdom, c. 1874
	Striped cuff, United Kingdom, c. 1874
252	Watches, 17th and 18th century, France
253	Watch, c. 1880
	Chatelaine with watch, 18th century
254	Ring with amulet, Ancient Egypt

Page	From left to right, top to bottom
254	Ring in shape of a cat, Ancient Egypt
	Ring with amulet, Ancient Egypt
	Ring with amulet, Ancient Egypt
	Ring with amulet, Ancient Rome
	Ring with amulet, Ancient Egypt
	Ring, Renaissance period
	Ring, Renaissance period
	Ring with snake, Ancient Egypt
255	Ring, Ancient Greece
	Ring with two lions, Ancient Greece
	Ring, Ancient Greece
	Ring, Ancient Greece
	Roman ring with portrait, Ancient Rome
	Ring, 16th century
	Ring, Ancient Rome
	Ring with amulet, Ancient Greece
	Ring, Ancient Rome
256	Wedding ring, 15th century
	Ring, 15th century
	Ring, Renaissance period
	Ring of King Chilpéric, France, 6th century
	Ring, 15th century
	Ring of Childéric, France, 5th century
	Ring, 13th century
	Ring, 14th century
	Ring, 14th century
257	Ring, Renaissance period
	Ring, late 15th century
	Ring, Renaissance period
	Ring, Renaissance period
	Egyptian ring, Ancient Egypt
	Ring, Renaissance period
	Ring, Renaissance period
	Ring, 15th century
	Ring, Renaissance period
258	The Viceroy with a large umbrella, China, c. 1840

Page	From left to right, top to bottom
259	Chinese women with umbrellas, China, c. 1840
260	Parasols, United Kingdom, c. 1874
261	Parasols, United Kingdom, 19th century
262	A variety of parasols, United Kingdom, c. 1880
263	Decorated parasols, United Kingdom, 19th century
264	A variety of parasols, United Kingdom, c. 1880
265	A variety of parasols, United Kingdom, c. 1880
266	Lace parasol, United Kingdom, 19th century
267	Decorated parasols, United Kingdom, 19th century
268	Japanese woman with parasol and fan, Japan
269	Chinese woman fanning with fan, c. 1840
270	Chinese fan with a detail of the Summer Palace, 19th century
271	Chinese fan with decorated case, c. 1840
272	Algerian woman in housedress with fan, c. 1840
273	Egyptian woman with fan, c. 1880
274	Two servants with fan, China, c. 1900
275	Hindu priest with fan, India, c. 1860
276	Fan from Siam, 19th century
277	Fan with feathers, Indonesia, 19th century
278	Sioux woman with fan, North America, c. 1880
279	Fan made of palm leaves, 19th century
	Ancient Mexican fan with feathers
	Fan made of palm leaves, 19th century
280	Fan with feathers, 19th century
281	Fan with butterflies and feathers, 19th century
	Fan with feathers, 19th century
	Fan with feathers, 19th century
	Fan with feathers and butterfly, 19th century
282	Fans, 18th century
283	Lace fans, United Kingdom, c. 1880
284	Fans, United Kingdom, c. 1880
385	Fans, United Kingdom, c. 1880
286	Sword holder belonging to King Charles the Great, France, 8th century
287	Mediaeval velvet bag, France

Page	From left to right, top to bottom
287	Leather bag with three tassels , France, 15th century
	Leather bag , France, 15th century
288	Chinese bags worn with a belt around the waist, China, c. 1840
289	Women's bag, France, 16th century
290	Reticules, United Kingdom, c. 1870
291	Reticules, United Kingdom, c. 1870
292	Closed and open small purse made from a walnut, France, c. 1880
	Ornamental purse of beads and crochet, United Kingdom, c. 1874
	Knitted purse with beads, France, c. 1880
293	Knitted purses, United Kingdom, c. 1874
294	Silver chain bag with fringe and silver balls, United Kingdom, 1920s
	Silver pleated chain bag, United Kingdom, 1920s
	Knitted bag with beads, France, c. 1880
	Silver chain Dorothy bag, United Kingdom, 1920s
295	Knitted bag, France, c. 1880
	Bag with shell, France, c. 1880
	Chatelaine bag, United Kingdom, c. 1874
296	Embroidered silk pocket, United Kingdom, c. 1874
	Pocket worn around the waist, France, c. 1880
	Embroidered pocket, United Kingdom, c. 1874
297	Small bag, France, c. 1880
	Small pocket made of sunflower seeds, France, c. 1880
	Fancy silk pocket, United Kingdom, c. 1874
298	Baskets, France, c. 1880
299	Crochet basket with silk bag, United Kingdom, c. 1874
	Basket, France, c. 1880
	Basket, France, c. 1880
300	Handbag, France, c. 1880
	Case for travelling wraps (closed) United Kingdom, c. 1874
	Rug straps, United Kingdom, 1930s
301	Case for travelling wraps (open), United Kingdom, c. 1874

Page	From left to right, top to bottom
301	Holdalls with umbrella, United Kingdom, 1930s
302	Leather bag, c. 1880
	Handbag with clip, c. 1880
	Leather bag, c. 1880
	Decorated handbag, c. 1880
303	Woman with bag, c. 1880
	Handbag and muff in one (closed and open), c. 1880
304	Man with muff, United Kingdom, c. 1779
305	Fur muffs, c. 1880
306	Scarf and muff made of fur, c. 1880
	Muff of vigogne cloth, United Kingdom, c. 1874
	Fur muff, c. 1880
307	Woman with muff, France, c. 1880
308	Women's knitted mittens, c. 1880
309	Women's knitted gloves, c. 1880
310	Women's knitted gloves, c. 1880
	Women's knitted gloves, c. 1880
	Men's gloves, United Kingdom, 1920s
	Wicket-keeping gloves, United Kingdom, 1920s
311	Women's leather gloves, c. 1926
312	Women's gloves, c. 1880
313	Women's lace glove, c. 1880
	Women's glove with initials, c. 1880
314	Belt, Ancient Rome
	Rope belt, Ancient Germany
	Rope belt, Ancient Germany
	Belt, 14th century
315	Byzantine-style belt, early 12th century
	Belt with knot, late 12th century
316	Norwegian belt, 19th century
	Mediaeval buckle
	Gallic belt, Roman period
	Belt, Germany, 15th century
317	Mediaeval buckle
	Belt of Duke Charles of Étampes, early 14th century
318	Buckle, 6th century

Page	From left to right, top to bottom
318	Buckle, 6th century
	Buckle, 6th century
	Mediaeval buckle
	Buckle, Ancient Rome
	Mediaeval buckle
	Mediaeval buckle
319	Buckle, 15th century
	Mediaeval buckle
	Buckle, 6th century
	Mediaeval buckle
	Buckle, 4th century
320	Shoulder clasp of Duke Charles of Étampes (side), early 14th century
	Shoulder clasp of Duke Charles of Étampes (front), early 14th century
	Clasp, early 15th century
321	Silver belt from Sumatra
	Belt, 17th century
	Belt, 16th century
322	Mediaeval belt
	Leather belt, Ancient Rome
323	Belt for purse, China, c. 1840
	Elasticated belt, c. 1900
	Belt, c. 1900
324	Belts with pockets, c. 1900
325	Braces, United Kingdom, c. 1880
326	Ancient Egyptian sandals
327	Ethiopian boot, Ancient Egypt
	Laced boot, Ancient Assyria
	Laced boot, Ancient Greece
	Germanic laced boot, Ancient Rome
328	Laced shoes, 6th century
329	Leather sandals, Ancient Rome
	Campagus, boot worn by Roman Senators and Emperors, Ancient Rome
	Leather sandal, Ancient Greece

Page	From left to right, top to bottom
329	Laced boots, Ancient Rome
330	Leather sandals, Ancient Greece and Ancient Rome
331	Boots, Ancient Rome
332	Mediaeval shoes
	Mediaeval shoes
	Laced boot worn by the Gepids
	Man's boot, worn in the 9th century
333	Noblewoman's shoe, worn in the 6th century
	Nobleman's shoe, worn in the 9th century
	Mediaeval shoes
	Nobleman's shoe, worn in the 8th century
334	Mediaeval armour and military shoes
335	Mediaeval armour and military shoes
336	Shoe, France, 8th century
	Sandals, Germany, 9th century
	Shoe, France, 8th century
	Shoe, France, 8th century
	Shoes of King Charles the Great, France, 8th century
	Shoe worn by Jean, son of Saint Louis, 13th century
	Shoe, France, 8th century
	Shoe worn by Pope Sylvester I, 4th century
	Shoe worn by King Philip of France, 13th century
337	Mediaeval shoes
338	Shoe worn by Philip III, Duke of Burgundy, 15th century
	Mediaeval shoes
	Wooden soles, 14th century
339	Leather shoes with wooden soles, 14th century
340	Shoe of King Jean, c. 1440
341	Wooden clogs and shoe with leather sole , worn in the 16th century
342	Shoe, worn at the end of the 15th century
	Shoe of King François II of France, 16th century
	Shoe, worn at the end of the 15th century
	Men's shoe worn in the 12th century
343	Women's shoe, 16th century
	Men's shoe, Germany, 16th century

Page	From left to right, top to bottom
344	17th century boot with lace and spur, c. 1642
345	Women's shoe worn at the court of King Louis, 14th century
	Men's shoe worn at the court of King Louis, 14th century
	Women's shoe worn in the 18th century
	Shoe worn by Napoleon, c. 1805
346	Men's boot, c. 1795
	Women's shoe, c. 1808
	Men's shoe, c. 1793
347	Men's boot, c. 1786
	Military boot, 14th century
	Military boot, c. 1596
348	Men's boot, 17th century
349	Military boot, 17th century
350	Women's shoes, 18th century
351	Men's shoe, 19th century
	Men's shoe with buttons, 19th century
	Men's shoe with buttons, 19th century
	Men's shoe, 19th century
352	Gaiter, 19th century
	Gaiter, 19th century
	Boot with lacing, 18th century
353	Boot with hooks, 18th century
354	Women's boots and shoes, 18th century
355	Women's boots and shoes, 18th century
356	Women's boots and shoes, 18th century
357	Women's boots and shoes, 18th century
358	Adjutant boot, United Kingdom, 1920s
	Black rubber half Wellingtons, United Kingdom, 1920s
	Boot with four buckles, United Kingdom, 1920s
359	Military boot, United Kingdom, 1930s
	Men's shoe, United Kingdom, 1930s
	Arctic snow boot with one buckle, United Kingdom, 1920s
	Women's high front galoshes, United Kingdom, 1920s
360	Women's shoes, c. 1912
361	Men's shoes, c. 1912

Page	From left to right, top to bottom
362	Women's shoes, c. 1912
363	Girls' shoes, c. 1926
364	Baby bootees, c. 1880
365	Socks, c. 1880
366	Women's socks worn over the shoe, c. 1880
367	Women's socks worn over the shoe, c. 1880
	Women's socks, c. 1880
368	Women's slippers, c. 1880
369	Women's slippers, c. 1880
370	Small feet of a Chinese woman, China, c. 1840
	Bound feet with shoes, China, c. 1900
371	Small feet of a Chinese woman, China, c. 1840
372	Leather slippers, Egypt, 19th century
373	Leather slippers, Egypt, 19th century
374	Men's shoes, China, c. 1840
375	Kubkobs, shoes and boots, , Japan, c. 1901
376	Indian with snow shoes, North America, c. 1880